典藏版

直笔体育百科系列

你好，世界杯

QATAR 2022

FIFA WORLD CUP

于鑫淼 王正坤 ▷著

卡塔尔
厄瓜多尔
塞内加尔
荷兰

英格兰
伊朗
美国
威尔士

阿根廷
沙特阿拉伯
墨西哥
波兰

法国
澳大利亚
丹麦
突尼斯

西班牙
哥斯达黎加
德国
日本

拿大
摩洛哥
克罗地亚

巴西
塞尔维亚
瑞士
喀麦隆

葡萄牙
加纳
乌拉圭
韩国

北京时代华文书局

图书在版编目（CIP）数据

你好，世界杯 / 于鑫淼，王正坤著 . – 北京 : 北京时代华文书局，2022.9 （2022.9 重印）
ISBN 978-7-5699-4218-7

Ⅰ . ①你… Ⅱ . ①于… ②王… Ⅲ . ①足球运动 – 世界杯 – 介绍 Ⅳ . ① G843.732

中国版本图书馆 CIP 数据核字 (2022) 第 141413 号

拼音书名 | NIHAO SHIJIEBEI

出 版 人 | 陈 涛
选题策划 | 董振伟 直笔体育
责任编辑 | 马彰羚
责任校对 | 初海龙
装帧设计 | 严 一 王艾迪
责任印制 | 訾 敬

出版发行 | 北京时代华文书局 http://www.bjsdsj.com.cn
北京市东城区安定门外大街 138 号皇城国际大厦 A 座 8 层
邮编：100011 电话：010-64263661 64261528
印 刷 | 小森印刷（北京）有限公司 010-80215073
（如发现印装质量问题，请与印刷厂联系调换）
开 本 | 787 mm × 1092 mm 1/16 印 张 | 14 字 数 | 278 千字
版 次 | 2022 年 9 月第 1 版 印 次 | 2022 年 9 月第 2 次印刷
成品尺寸 | 185 mm × 260 mm
定 价 | 88.00 元

本书图片由视觉中国提供。

序1 年轻人的世界杯特刊

文/刘晶捷 《足球周刊》前总编辑，资深足球评论员

我，应该是中国最早那批做世界杯特刊的足球媒体人之一。

2002年5月中旬，我在办公室的电脑前，为2002年世界杯特刊进行着紧张的编辑工作。国际足联刚刚公布了32支参赛球队的球员名单以及对应的球衣号码。编辑部需要在一周内做完一本正刊和一本附赠的书册，再算上印刷和物流时间，必须让刊物在5月31日世界杯开幕前出现在全国各大城市的报刊亭。

当时编辑部的人手格外紧张，赠品书册的任务基本都落在我手中，在互联网并不发达且网速极不流畅的日子里，我被700多名参赛球员的照片和资料折磨了好一阵子，最终，我独自完成了从业以来的第一个“大项目”。赠品书册的名字最后被直接定为《世界杯32×23》，一个很有意义的书名。

转眼二十年过去了，这二十年间，我一直在思考一个问题：最完美的世界杯特刊应该是怎样的？那必须具备有深度的分析文章、详尽的球队介绍、充分的历史梳理等要素，当然如果有球员名单和对应的球衣号码，那会更完美。因此，这是一个与时间赛跑且追求极致的工作。尤其是书籍的出版时间比较漫长，想要做一本与球员名单相关的世界杯书籍，时间就成为最大的敌人。

印象最深的一次，还是2010年南非世界杯，我在编辑部连续工作三个通宵，终于把世界杯图鉴特刊制作完毕，在审阅完蓝纸后，我让印刷厂火速印了一本样刊并且送来。然后我自己驾车从城东开到城西，清晨

时分在贺炜（著名体育解说员）家楼下与他完成交接。一番握手寒暄后，“诗人”背着样刊赶去机场与大部队汇合，开始了他的南非之旅，刊物里的文字也通过贺炜的声音在世界杯期间传递给了广大球迷朋友。

当然，“完美”的世界杯特刊永远是相对的，即便科技再发达，纸质出版物也难以避免印刷和物流周期导致的时效硬伤——基本上每届世界杯从报名结束，到两周后正式开赛前，都会发生至少10起球员因为伤病被更换的情况。网站、APP在面对这种情况时，更改起来基本上就是动动手指的事，而纸媒则不会有修改的机会了。记得有一届世界杯，赛前共发生了16次球员伤病替换的情况，让我这个处女座总编辑在抓狂之余，满脑子想的都是如何把已经售出的刊物收回，然后更新重印……

话题还是回到这本书上来吧。在我淡出平面媒体九年后的今天，鑫淼和正坤勇敢地入行尝试，体验为世界杯出书的感觉。他俩和二十年前的我一样，正处在二十多岁的好年华，也都在自己十来岁时，被我出版发行过的足球类刊物影响过，并先后在解说台上成为我的搭档。

这一次他们出的世界杯特刊另辟蹊径，避免了和时间赛跑的问题。这本《你好，世界杯》的内容，更侧重前瞻性，并且非常细致全面。虽然最终的大名单要在世界杯开赛前两周才会确定，但这本书对名单进行了全方位解析和预测，更有趣味性。

年轻人是喜欢尝试的，我觉得这是一个不错的方式。另外，年轻人的潜力也是无限的。鑫淼25岁时就已经和我搭档解说过俄罗斯世界杯，此后几年在多个平台更是把世界足坛顶级赛事解说个遍，并深耕短视频领域，拥有超过百万的粉丝；正坤同样不简单，这位学霸级人物自小就立志要在足球解说领域干出一片天地，同时也不忘在足球名单制作领域深度挖掘。他个人印制的世界杯、欧洲杯秩序册已经在业内小编手中传阅数年，如今终于有了正式成书的机会。他在这一领域研究的细致程度，至少也是国内前列的水准。

纸媒越来越难做，报刊亭逐渐成为稀罕物，移动端看球也早已取代了电视，但是在我看来，收藏几本高质量的世界杯特刊依然是值得的，既可以用作看球时的参考，又可以在多年后拿起来回忆。这一本就很值得，属于我所认定的高质量世界杯特刊。这只是他俩的第一次合作，等到下届足球大赛时，争取我们三个人能一起认真合作一次。

序2 这是一本写给足球从业者和深度球迷的书

文/于鑫淼

作为一个90后球迷，我的看球时间绝对算不上长，但还好我没有错过21世纪初足坛的那段黄金时期，现在回想起来，那个年代能看到的比赛非常少，可能一整个赛季都等不到电视台转播一场某些小球队的比赛。而时至今日，球迷已经非常幸福，这个地球上进行的职业足球比赛，只要你想看基本上都可以找得到直播和录像，足球的文章和周边视频更是数不胜数。

不过各位老球迷有没有类似的感觉？虽然这个时代我们看球的选择面变大了，但是我们却失去了十几年前甚至几十年前看球的那种刺激感和满足感。尤其是最近的两届世界杯，让我总有一种失落感，总觉得在比赛之余，真正看到的好内容没有那么多。

所以，我在心中早早设立了一个“伟大”的目标：我要从一名体验者变成一名创造者，在观看世界杯比赛之余，写一些能够让球迷再次感受到“高满足感”的内容。

这不是一件易事，就比如你现在翻开的这本《你好，世界杯》，这本书着重为大家介绍的是各支参赛队的大名单信息。在互联网媒体日渐发达的当下，大名单信息其实很轻松地就能够在网上查阅得知，那凭什么要求我们的读者花钱买一本书来了解相关的信息呢?

于是我找到了业内好友正坤，把本届世界杯参赛的32支球队在过去几年的大赛以及预选赛的比赛都看了一遍，把各支球队过去几年的用人思维展现在大家的面前。这本书交稿的时间是在距离世界杯开幕还有100天的时候，距离各支球队公布大名单还有两个多月的时间，我们手里并没有确切的大名单，但是我们可以通过对一支球队过去几年比赛的观察，从最基础的内容入手，为大家带来各支球队在各个位置上详细的介绍。

举个例子，我和正坤在直播的时候，经常有球迷问到巴西队在世界杯应该如何搭配进攻线，在大家的刻板印象里，巴西队在中锋的位置上有热苏斯、菲尔米诺等不错的球员，考虑到内马尔在印象流里又是左边锋，那么自然能够得出天才新星维尼修斯需要和内马尔竞争首发这样的观念。但是本书能让你打破这种看似专业的印象流，了解巴西队原来从2022年开始更多地使用内马尔出任中锋，而维尼修斯和拉菲尼亚担任两个边锋的新打法。

这样的细节还有很多，尤其是在最近几年，足坛战术日新月异，高位逼抢日趋普遍，全能球员日益增多，很多球队的选人逻辑发生了巨大的变化，如果你不是天天研究足球的专业人士，很容易对球队的用人方法陷入老派思想的印象流误区。

最终我们找到了一条能够给球迷朋友带来新鲜体验的道路，如果你是一名球迷，当你看完这本书，你会对本届世界杯三十二强的排兵布阵有非常深刻的了解。同时我也能想象到，此刻在读这些文字的你，很有可能是一位足球从业者，无论你是媒体人，还是从事预测相关的工作，看完这本书，都能够大大减轻你的工作量，让你在世界杯期间成为一个专业且有底气的从业者。

最后感谢为这本书付出努力的每一位编辑老师，以及“直笔体育”团队，让我和正坤有机会去写这样一本非常有创意的世界杯特刊。

序3

2022，需要《你好，世界杯》

文/王正坤

2022年世界杯注定是一届不平凡的世界杯，它既是第一届在北半球的冬季举行的世界杯，又是最后一届32支球队参赛的世界杯。为了这一次万众瞩目的足坛盛会，全世界的球迷都要比以往多等待半年的时间，在您拿到这本书开始阅读的时候，或许已经感受到了秋风萧瑟，但足球的热情足以在不久之后冲破凛冽的寒冬。

32支球队，每支球队的大名单可以有26名球员，2022年卡塔尔世界杯将是迄今为止参赛队员最多的一届世界杯。其实对于绝大多数的球迷来说，“1—23号”已经与世界杯画上了等号，但这一次，24、25和26这三个号码，将第一次出现在世界杯的赛场之上。

多出的这三个名额，或许将会让32位主帅在公布名单的前夜变得更加纠结。5个换人名额的实施也会让世界杯的赛场出现更多的变化。我们或许会见到托马斯·穆勒首次身穿25号球衣站上世界杯的赛场，又或许会见到某位主帅在最后时刻用掉第五个换人名额完成绝地反击，这些都是我们在以往的世界杯上从未经历过的场景。

所以在这样的背景之下，这本书似乎就更加能彰显它的价值所在。如此多的变革需要大家去适应，如此多的球员需要大家去了解，而这本书就可以建立起这样的纽带。您可以从字里行间细致揣摩三十二强的人员储备和战术打法，也可以有与我不一样、与各队主帅不一样的想法，无论如何，都会为您的世界杯观赛之旅带来更多的乐趣。

从2019年6月到2022年6月，三十二强从长达三年的世界杯预选赛（以下简称世预赛）中脱颖而出，他们在预选赛中使用的总球员数量超过1500位，但是最终能前往卡塔尔的只有832位，这种残酷的减法是每支球队都要去做的，并不是每个人都有机会踏上世界杯的赛场。而这个做减法的过程，就构成了这本书的主体内容。

为了去了解各支球队的技战术打法，从2021年开始，观看各大洲的世预赛直播以及录像就成为我生活中很重要的一部分。亚洲区和欧洲区的世预赛我亲自解说了多场，而其他大洲的世预赛，那些晋级世界杯的热门球队的比赛，我也做到了一场不落。在这期间出现了很多奇妙的人员变动与主帅更迭，为了世界杯，每支球队都在使出浑身解数。

而在经历了这一个完整的过程之后，当世预赛大幕落下，回看我所有的观赛笔记、人员变动表格、出线日期记录，在那一刻，我真真切切地感受到了足球这项运动无与伦比的魅力，我可以心满意足地将我了解到的三十二强的信息分享给大家，分享给所有热爱足球的人。

这期间有很多人问我，这么枯燥的工作是怎么坚持下来的，我也确实认真思考了一下这个问题。最终，我的结论是：我做的这些工作确实能给我带来快乐与成就感，所以就不会感到枯燥或者疲惫。

人们总说工作很累，想去歇一歇，想去打打游戏或做些其他事情获得快乐。但对我而言，做这些工作就可以带来快乐，我看这些比赛时的感受或许可以媲美其他人打游戏的感受。或许有些比赛的内容并不精彩，但它总有值得记录的地方，从一场平平无奇的非洲区的世预赛中，我可以发现突尼斯队的后腰本·苏莱曼居然还可以打中锋，打中锋还可以进球。每当看到这些东西，我就会感觉我这一场比赛并没有白看，我获得了我需要的信息，其中我获取到的内容，绝对不是看看数据网站，看看谁首发了、谁进球了就可以得到的。

在本书的创作过程中，我和于鑫淼老师各司其职，努力做到把最好的《你好，世界杯》呈现给所有购买此书的朋友。最后感谢本书的策划团队为本书做出的贡献，也感谢每一位正在阅读本书的您。

友情提示

1. 欧洲足球锦标赛　本书为方便读者阅读，以及符合日常描述习惯，简称欧洲杯。其中原定于2020年举办的第16届欧洲杯，改期为2021年举行。为方便阅读，本书统称为2020欧洲杯。其他情况则正常描述，如1996年欧洲杯、2004年欧洲杯。

2. 非洲国家杯　本书为方便读者阅读，以及符合日常描述习惯，简称非洲杯。其中原定于2021年举办的第33届非洲杯，改期为2022年举行。为方便阅读，本书统称为2021非洲杯。其他情况则正常描述，如2015年非洲杯、2019年非洲杯。

3. 欧洲国家联赛　本书为方便读者阅读，以及符合日常描述习惯，简称欧国联。

4. 亚足联亚洲杯　本书为方便读者阅读，以及符合日常描述习惯，简称亚洲杯。

5. 中北美洲及加勒比海地区金杯赛　本书为方便读者阅读，以及符合日常描述习惯，简称金杯赛。1991年，首届金杯赛在美国举行，金杯赛的前身是中北美洲及加勒比海地区锦标赛，为方便阅读，1991年之前的赛事本书依然描述为中北美洲及加勒比海地区锦标赛。

6. 国际足球联合会世界杯比赛　本书为方便读者阅读，以及符合日常描述习惯，简称世界杯。

7. 法国国家男子足球队　本书为方便读者阅读，以及符合日常描述习惯，简称法国队。其他情况以此类推，如德国队、意大利队、沙特阿拉伯队、澳大利亚队等。

8. 欧洲冠军联赛　前身为欧洲冠军俱乐部杯，本书为方便读者阅读，以及符合日常描述习惯，简称欧冠。

9. 英格兰足球超级联赛　本书为方便读者阅读，以及符合日常描述习惯，简称英超。其他情况以此类推，如西甲、意甲、德甲、澳超等。

10. 曼彻斯特联足球俱乐部　本书为方便读者阅读，以及符合日常描述习惯，简称曼联。其他情况以此类推，如曼城、皇马、AC米兰、拜仁慕尼黑等。

11. 本书所有数据、球员伤病等情况，截至2022年9月15日。

12. 本书关于阵形描述的方式分两种：队史最佳阵和阵形图中，统一使用带“-”的模式，例如“4-4-2”等；其他描述中统一采用不带“-”的模式，如“442”阵形等。

13. 本书中的时间均为北京时间。

目录

开篇

来了，卡塔尔世界杯

2010年12月2日，时任国际足联主席的约瑟夫·布拉特宣布，2022年世界杯将在卡塔尔举办，这将是世界杯第一次在阿拉伯国家举行。足球历史的发展，也注定将迎来巨大改变。

从卡塔尔成为世界杯主办国的那一刻起，争议和负面新闻就层出不穷。“贿选”这样的词语，给卡塔尔世界杯的举办蒙上了阴影。但抛开场外因素不谈，回归足球运动本身，卡塔尔世界杯，依然值得万众瞩目与期待。

由于卡塔尔当地气温炎热，最终国际足联与主办方决定将世界杯比赛的时间定在2022年11月和12月，这是世界杯第一次在北半球的冬季举行。

这样的调整对整个足球世界的运转都造成巨大的影响，足球世界的主流板块——欧洲五大联赛、欧洲冠军联赛等赛事都是采用跨年制赛程，大概从每年的8月份开始到次年5月份结束，往届世界杯在6月、7月举行恰好处于联赛休赛期。卡塔尔世界杯将彻底打乱2022—2023赛季俱乐部赛事的赛程，也让参加世界杯的球员面临巨大的体能和磨合方面的挑战。

挑战固然很大，但是世界杯的魅力依然是球员无法抵挡的。

卡塔尔世界杯共有211支球队参与各大洲的预选赛较量。卡塔尔作为东道主，自动获得正赛三十二强资格。最终经过长时间的角逐，欧洲区晋级世界杯正赛的13支球队包括：比利时队、克罗地亚队、丹麦队、英格兰队、法国队、德国队、波兰队、葡萄牙队、塞尔维亚队、西班牙队、瑞士队11支参加了2018年世界杯的球队，以及缺席2018年世界杯的荷兰队和阔别世界杯正赛舞台64年之久的威尔士队。欧洲区最大的冷门是四届世界杯冠军得主意大利队连续第二届无缘世界杯正赛。

南美区的阿根廷队、巴西队、乌拉圭队、厄瓜多尔队4支球队晋级正赛，2015年和2016年两次夺得美洲杯冠军的智利队连续第二届无缘晋级，前两届世界杯发挥出色的哥伦比亚队同样止步预选赛。

中北美洲及加勒比海地区晋级的是加拿大队、美国队、墨西哥队、哥斯达黎加队，其中加拿大队时隔36年之后重返世界杯赛场，哥斯达黎加队则是在洲际附加赛中击败了大洋洲的新西兰队晋级世界杯正赛。

非洲区的5支晋级球队分别是喀麦隆队、加纳队、摩洛哥队、塞内加尔队和突尼斯队，与上届世界杯相比，尼日利亚队和埃及队无缘晋级，喀麦隆队和加纳队在缺席2018年世界杯后重返赛场。

亚洲区除了东道主卡塔尔队直接晋级之外，日本队、沙特阿拉伯队、韩国队、伊朗队通过亚洲区预选赛晋级正赛，澳大利亚队通过洲际附加赛击败了来自南美洲的秘鲁队晋级正赛，本届世界杯有6支来自亚足联的参赛球队，创下了历史最高。

2022年11月21日（北京时间），卡塔尔世界杯将会正式拉开帷幕， 32支球队将向着足球世界的最高荣誉发起冲击，让我们一起期待这届史无前例的世界杯能够为我们带来新的世界杯美好记忆。

纵览诸强

名称	世界排名	球队身价	出线概率	夺冠概率
荷兰队	8	4.98亿欧元	75%	7.70%
卡塔尔队	48	1900万欧元	13.5%	0.35%
厄瓜多尔队	44	9700万欧元	46.2%	0.17%
塞内加尔队	18	3.08亿欧元	60%	0.19%
英格兰队	5	13亿欧元	91.2%	8.10%
伊朗队	22	7300万欧元	18.8%	0.60%
美国队	14	2.12亿欧元	46.2%	0.48%
威尔士队	19	1.4亿欧元	44.1%	0.41%
阿根廷队	3	6.17亿欧元	88%	6.45%
沙特阿拉伯队	53	2900万欧元	15.7%	0.00%
墨西哥队	12	2.11亿欧元	48.6%	1.37%
波兰队	26	3.02亿欧元	48.6%	0.82%
法国队	4	11亿欧元	92%	17.93%
澳大利亚队	39	5000万欧元	29%	0.01%
丹麦队	10	2.79亿欧元	58.9%	2.03%
突尼斯队	30	3800万欧元	26.7%	0.01%

世界排名：截至2022年8月25日。
球队身价：参考多家权威媒体数据得出。
出线概率：以小组为单位，百分比越高表示小组出线机会越大，仅供参考。
夺冠概率：所有参赛球队夺冠概率相加为100%，夺冠概率越高，表示夺冠希望越大，仅供参考。

续表

名称	世界排名	球队身价	出线概率	夺冠概率
西班牙队	6	7.4亿欧元	85.2%	11.53%
哥斯达黎加队	34	1800万欧元	13.5%	0.00%
德国队	11	8.37亿欧元	84.1%	7.21%
日本队	24	1.24亿欧元	21.6%	0.48%
比利时队	2	3.38亿欧元	85.4%	7.90%
加拿大队	43	1.76亿欧元	25%	0.01%
摩洛哥队	23	2.4亿欧元	31.2%	0.01%
克罗地亚队	15	3.59亿欧元	58.9%	2.31%
巴西队	1	10亿欧元	85.4%	15.73%
塞尔维亚队	25	3.71亿欧元	41.0%	0.24%
瑞士队	16	2.55亿欧元	46.2%	1.00%
喀麦隆队	38	1.17亿欧元	27.6%	0.00%
葡萄牙队	9	7.65亿欧元	79.2%	5.11%
加纳队	60	1亿欧元	29.0%	0.02%
乌拉圭队	13	3.96亿欧元	62.5%	1.48%
韩国队	28	1.31亿欧元	29.0%	0.35%

盛宴看点

诸神黄昏

卡塔尔世界杯将是众多明星球员参加的最后一届世界杯，是他们最后的演出，也是诸多球迷与青春说再见的时刻。37岁的C罗以及35岁的梅西，2026年再踏上世界杯赛场的可能性微乎其微；本泽马、内马尔、苏亚雷斯、布斯克茨、诺伊尔也已经不再年轻；莱万多夫斯基“9分钟5球”的神迹仿佛就在昨日。数十年来，这一个个响亮的名字笑傲足坛，让无数后继者都泯然众人矣。然而当年华老去，一个诸神并立的黄金时代也随之落幕。

“第一次”

2022年卡塔尔世界杯是首次在北半球的冬季举行的世界杯，是首次由从未参加过世界杯的国家举办的世界杯，是首次由阿拉伯国家举办的世界杯。这是迄今为止参赛队员最多的一届世界杯，每支球队首次可以有26名队员进入名单，并且这也是首次在世界杯的比赛中各队可以有5个换人名额。

00后新星

2018年世界杯赛场上，最年轻的球员是出生于1999年的澳大利亚队边锋阿尔扎尼，而在2022年世界杯上，00后球员将第一次登上世界杯的舞台。其中西班牙队的佩德里、巴西队的维尼修斯、英格兰队的福登和桑乔，都是非常耀眼的新星。而且极有可能出现多名18岁的球员参加卡塔尔世界杯。

世纪交锋

梅西与C罗被称为“绝代双骄”，但在国家队层面两人仅仅交手过两次，世界杯赛场上还未曾上演过“梅罗”对决。根据卡塔尔世界杯的赛程安排，如果阿根廷队与葡萄牙队小组排名不同，但是又都能晋级淘汰赛，两队有希望在半决赛相遇；如果小组赛成绩相同，两队都有希望所向披靡地走到决赛，那么将会上演世界杯巅峰一战。前所未有的“梅罗”世纪交锋，“绝代双骄”的直接对决，可谓世界杯历史上头号经典，必将载入世界足坛史册。

聚焦C罗

1985年出生的C罗，在卡塔尔世界杯赛场上已是37岁的“高龄”，这大概率就是他的最后一届世界杯。2006年世界杯，是C罗的第一届世界杯，他跟随老大哥路易斯·菲戈获得了第4名的成绩；2010年世界杯，C罗饱受伤病困扰，球队战绩不佳；2014年和2018年世界杯，C罗率领的葡萄牙队也未能取得佳绩。2022年世界杯，将是C罗向最高荣誉发起的又一次冲击，或许也是最后一次。不管怎样，以主力身份第5次站上世界杯的舞台，已经是对C罗最大的肯定。另外从2004年欧洲杯到现在，C罗在参加的5届欧洲杯和4届世界杯当中均有进球，他很有希望在自己参加的第10届大赛上延续此纪录。

聚焦梅西

2014年巴西世界杯，梅西距离大力神杯如此之近，却又如此之远。相对于此前梅西的单核带队，如今的“潘帕斯雄鹰”可谓人才济济，迪马利亚、奥塔门迪等球员宝刀未老，劳塔罗、马丁内斯、迪巴拉等球员正值当打之年，他们携手帮助梅西夺得了2021年的美洲杯冠军。因此梅西在卡塔尔世界杯弥补2014年的遗憾，夺得冠军，又有何不可？除此之外，梅西距离马特乌斯保持的25场世界杯出场纪录也仅差6场，追平甚至超越也并非奢望。和C罗一样，这也是梅西第5次踏上世界杯征程。

冠军魔咒

进入21世纪以来，一共举办了5届世界杯，分别在2002年、2006年、2010年、2014年和2018年。其中有4次世界杯出现上一届冠军止步小组赛的情况，1998年世界杯冠军法国队在2002年世界杯小组赛被淘汰；2006年世界杯冠军意大利队在2010年世界杯小组赛被淘汰；2010年世界杯冠军西班牙队在2014年世界杯小组赛被淘汰；2014年世界杯冠军德国队在2018年世界杯小组赛被淘汰。只有2002年的冠军巴西队例外，巴西队在2006年世界杯顺利晋级淘汰赛。2018年世界杯冠军法国队，即将再次面临这个魔咒，在卡塔尔世界杯上，“高卢雄鸡”能够顺利地从小组赛出线吗?

非洲魔咒

1930年世界杯以来，非洲球队在世界杯上的最好战绩是八强。2018年世界杯上，5支非洲球队更是在小组赛阶段就全部出局。卡塔尔世界杯，非洲球队的前景依然不容乐观：摩洛哥、突尼斯和喀麦隆3支球队的分组情况并不好，想要从小组出线难度不小；加纳队甚至被分到 “死亡之组”，但还是有机会爆冷出线；2021非洲杯冠军塞内加尔队现在拥有不输一流强队的纸面实力，再加上不错的签运，他们最有希望书写非洲球队在世界杯上的新历史。

谁是黑马

强者不一定恒强，弱者不一定恒弱，当意外发生时，注定有人狂欢，有人落泪。世界杯赛场有着独特的魅力，黑马球队的涌现让这份魅力更加浓厚。2018年世界杯的克罗地亚队、2002年世界杯的土耳其队、1994年世界杯的瑞典队，均是当时的黑马球队。在卡塔尔世界杯上，打进2020欧洲杯四强的丹麦队、拥有众多妖星的加拿大队以及亚洲霸主日本队，均有成为黑马球队的潜质，让我们拭目以待。

亚洲战绩

亚洲球队能在2022年世界杯上取得怎样的成绩呢？本次世界杯，亚洲区创历史地有6支球队参赛。其中卡塔尔队虽然是东道主，但是阵中没有一名球员在五大联赛效力，可以说是世界杯历史上纸面实力最弱的东道主，还有可能成为世界杯历史成绩最差的东道主。日本队则陷入“死亡之组”，遭遇西班牙队与德国队两大强队围堵，韩国队、沙特阿拉伯队、伊朗队的出线前景也不容乐观。澳大利亚队最被外界看好，能取得怎样的成绩，将成为焦点。

恩怨小组

H组的4支球队包括葡萄牙队、加纳队、乌拉圭队、韩国队，4支球队在过往的世界杯中交织着恩怨情仇。2002年世界杯，葡萄牙队与韩国队同组，两队末轮比赛为出线名额展开生死对决，但结果出人意料，葡萄牙队有两人被罚下，最终韩国队1：0战胜葡萄牙队晋级。2010年世界杯，乌拉圭队在1/8决赛对阵韩国队，苏亚雷斯在大雨中梅开二度，完成绝杀；1/4决赛乌拉圭队对阵加纳队，苏亚雷斯在加时赛最后时刻用手将必进球扑出，领到红牌离场，但加纳队却罚丢点球，并且输掉最后的点球大战。2014年世界杯，葡萄牙队曾与加纳队同组，并以2：1击败对手，但两队都无缘晋级。2018年世界杯，葡萄牙队、乌拉圭队在1/8决赛相遇，葡萄牙队1：2失利，止步十六强。

美伊交锋

美国队和伊朗队，本届世界杯被分在一个小组，这让这场比赛看点十足。在足球领域，美国队和伊朗队的交手次数非常少，最著名的就是1998年世界杯，当时两队也是在小组赛相遇，最终伊朗队在这场比赛中2：1击败美国队，取得了当届世界杯的唯一胜利。另外值得一提的是，在1998年世界杯，两队都被国际足联授予公平竞赛奖。2022年卡塔尔世界杯，两支球队再次相遇，相信场外和场内的故事都会非常精彩。

死亡之组

本届世界杯，E组是公认的“死亡之组”，西班牙队、德国队、日本队和哥斯达黎加队，哪一支球队都不容小觑。日本队经过多年磨炼，培养出众多明星球员，已经具备了欧洲二流球队的实力。哥斯达黎加队在2014年世界杯小组赛中击败2006年世界杯冠军意大利队和乌拉圭队，逼平“三狮军团”英格兰队，以小组头名昂首出线，惊艳世界。因此对于德国队和西班牙队来说，对阵哥斯达黎加队和日本队不能掉以轻心。

展望金靴

每逢世界杯，除了最后的冠军，获得金靴奖的那个球员势必也会引起众人的关注。哈里·凯恩、姆巴佩、C罗、本泽马和梅西分列卡塔尔世界杯金靴奖赔率前5名，他们都有机会向这个荣誉发起冲击。除此之外，32支球队的前锋球员也都有机会在世界杯上冲击金靴奖，让我们拭目以待。

追赶神锋

2022年世界杯将是托马斯·穆勒第四次参加世界杯，在2010年世界杯和2014年世界杯上，托马斯·穆勒均打进5球，两届世界杯就打入惊人的10球，但是他在2018年世界杯上颗粒无收。现如今他与克洛泽的世界杯16球纪录还有一些差距，经历低谷后重返德国国家队的穆勒，在2022年世界杯上将继续追赶“K神”的纪录。

展望金球

从1982年西班牙世界杯起，每届世界杯国际足联都会评出当届赛事的金球奖，至今已有10人获此殊荣。如果在随球队问鼎冠军的同时，能获得世界杯金球奖，真可谓登峰造极。但是自1998年世界杯以来，最终获得金球奖的球员都不是出自最后的冠军球队，另外也从未有球员两次获得金球奖。

神之少年

2018年世界杯，姆巴佩在1/8决赛直面拥有梅西的阿根廷队并且一战封神，最终年仅19岁的他首次参加世界杯就成功问鼎，并且获得最佳新人奖。现如今法国队仍然是当今足坛纸面实力最突出的球队之一，而姆巴佩已经成为当之无愧的法国队核心，他将率领法国队向卫冕发起冲击。姆巴佩也被看成是梅西、C罗之后世界足坛新王者的最强候选人。

豪强观望

在世界杯这样的舞台上，强者必然是备受瞩目的焦点。阿根廷队上一次在世界杯夺冠已经是遥远的1986年，这一次梅西率队，能否再次圆梦？英格兰队上一次在世界杯夺冠，更是要追溯到1966年世界杯，如今“三狮军团”正迎来人才井喷期，也非常渴望新的荣誉；荷兰队已经3次获得世界杯亚军，他们渴望摘掉“无冕之王”的称号；西班牙队、德国队、葡萄牙队、法国队、巴西队等都将向冠军发起冲击。

“足球王国”

巴西队是众所周知的“足球王国”，曾经5次夺得世界杯冠军，但是巴西队上一次夺冠已经是遥远的20年前。本届世界杯，巴西非常有希望第6次夺冠，内马尔领衔的“桑巴军团”很有可能完成这个壮举。换言之，如果德国队最终获得冠军，那么巴西队“足球王国”的名号或将成为过去式，毕竟德国队已经4次夺冠，今年依然是夺冠大热门。这样看来，对于德国队来说，他们迎来了挑战巴西队“足球王国”地位的好机会。

新王诞生

在过往的21届世界杯中，产生了8支冠军球队，分别是巴西队、德国队、意大利队、法国队、阿根廷队、乌拉圭队、英格兰队、西班牙队。本届世界杯是否会产生第9支冠军球队？重新崛起的“橙衣军团”荷兰队，多次排名世界第一的比利时队，俄罗斯世界杯险些“一黑到底”的克罗地亚队，C罗领衔的葡萄牙队，谁会是那个捧起大力神杯的新王者？

A组

东道主场场艰难，『郁金香』期待绽放

卡塔尔　厄瓜多尔　塞内加尔　荷兰

全景瞭望

详细赛程

第 1 轮

开球时间	交战双方	比赛场地	观赛指数	进球展望
11月21日 00：00	卡塔尔队 VS 厄瓜多尔队	海湾球场	★★	≤2
11月22日 00：00	塞内加尔队 VS 荷兰队	阿图玛玛球场	★★★★★	≤2

第 2 轮

开球时间	交战双方	比赛场地	观赛指数	进球展望
11月25日 21：00	卡塔尔队 VS 塞内加尔队	阿图玛玛球场	★★★	≥2
11月26日 00：00	荷兰队 VS 厄瓜多尔队	哈里法国际体育场	★★★★	≥3

第 3 轮

开球时间	交战双方	比赛场地	观赛指数	进球展望
11月29日 23：00	荷兰队 VS 卡塔尔队	海湾球场	★★★★	≥3
11月29日 23：00	厄瓜多尔队 VS 塞内加尔队	哈里法国际体育场	★★★	≤3

观赛指数：星级越高，比赛期待精彩程度越高。综合球队实力、球星级别、历史因素等得出，仅供参考。
进球展望：综合球队特点、战术打法、历史因素等，对一场比赛进球数进行展望，仅供参考。
红牌概率：百分比越高，表示红牌出现可能越大。综合球队防守强度、历史因素等，得出红牌概率，仅供参考。
点球概率：百分比越高，表示点球出现可能越大。综合球队防守强度、历史因素等，得出点球概率，仅供参考。
冷门指数：星级越高，比赛出现冷门结果的可能性越高。综合球队实力、球星级别、历史因素等得出，仅供参考。
比分预测：系本书编辑团队对比赛进行的娱乐性展望，仅供娱乐。
球迷预测：供本书读者对比赛进行展望。阅读与比赛预测相结合，增加阅读趣味性。

红牌概率	点球概率	冷门指数	比分预测	球迷预测
15%	45%	★★★★★	0 : 0；1 : 0	□:□；□:□
30%	45%	★★★	0 : 1；1 : 1	□:□；□:□

红牌概率	点球概率	冷门指数	比分预测	球迷预测
25%	35%	★★	0 : 2；0 : 3	□:□；□:□
59%	60%	★★	3 : 0；4 : 0	□:□；□:□

红牌概率	点球概率	冷门指数	比分预测	球迷预测
5%	65%	★	3 : 1；3 : 0	□:□；□:□
63%	45%	★	1 : 1；1 : 2	□:□；□:□

焦点短评

塞内加尔队VS荷兰队

在经过国际足联的赛程调整后，卡塔尔世界杯提前到11月21日0点开赛。塞内加尔队对阵巨星云集的荷兰队原定为揭幕战，但为给东道主卡塔尔队的比赛让路，被推迟到北京时间11月22日0点举行。考虑到卡塔尔队VS厄瓜多尔队的精彩程度较低，塞内加尔队VS荷兰队的比赛才能真正引爆球迷对世界杯的热情。

近些年荷兰队在国际大赛中的疲软表现和塞内加尔队近些年在非洲杯和世预赛中的稳定发挥，两队必将上演一场势均力敌的大战。塞内加尔队曾在2002年世界杯揭幕战掀翻了强大的法国队，此役它还会不会带来惊喜？让我们拭目以待。

卡塔尔队VS厄瓜多尔队

之所以选择这一场只有一个原因，在世界杯史上从未有过一胜难求的东道主，即使是表现最差的东道主南非队也起码收获了一场胜利，近两年实力不进反退的卡塔尔队，如果在面对本组相对来说实力较弱的对手厄瓜多尔队时依然无法取胜，那么它将很有可能创造尴尬纪录。在某种层面上，卡塔尔队应该是近几届世界杯中实力最弱的东道主队。

本组之星

萨迪奥·马内

出生年月：1992年4月10日

在拥有萨拉赫的埃及队无缘世界杯的情况下，马内就是本届世界杯当之无愧的非洲第一球星。这些年在利物浦，他夺得过欧冠冠军、英超冠军，率领塞内加尔队又拿下了队史第一座非洲杯冠军。已经年满30岁的马内此刻的目标将会是世界杯冠军，要知道非洲球队在世界杯上的最好成绩就是八强，马内将率领塞内加尔队的一众悍将冲击非洲球队从未达到的高度。

作者视角

正坤

本组各队的实力还是比较悬殊的，荷兰队在2020欧洲杯之后一扫颓势，在世预赛和欧国联都发挥得非常不错，多样的战术风格也增加了它在大赛中应对不同对手的能力，正常情况下拿到小组第一没有什么问题。塞内加尔队作为非洲杯的新科冠军，拥有众多在五大联赛踢球的优秀球员，而且有很多球员参加过2018年世界杯，积累了一些大赛经验，顺利获得出线权的概率也是比较大的。

另外两支球队，厄瓜多尔队能晋级世界杯正赛主要靠的是主场的高原优势，球队整体的技战术水平并不出众。而卡塔尔队则是作为东道主直接获得参赛资格，纸面实力可以说是本届世界杯最差的几支球队之一，此前在各大洲踢热身赛的结果也印证了这一点。因此综合来看，我认为本小组荷兰队和塞内加尔队携手出线的概率还是非常大的。

鑫淼

东道主卡塔尔队的实力明显在本组最弱，但是我们都知道东道主会竭尽所能地让自己在家门口有好的发挥，只不过卡塔尔队的实力与之前的一些东道主相比还是差太多，它很有可能会创造东道主一胜难求的尴尬纪录。

荷兰队在2020欧洲杯之后一扫颓势，但是它已经连续三届大赛发挥疲软了，其中还包括2016年无缘欧洲杯和2018年无缘世界杯，这次世界杯对于不少荷兰队的球员来说都是第一次世界杯之旅。我们常说“防守赢得冠军”，荷兰队的后卫水平冠绝世界，如果进攻端能够有人发挥超常，它从本小组以第一名出线甚至走得更远都是非常有机会的。

限制非洲球队在世界杯发挥的一大原因是教练的执教水平低下，由本国教练阿利乌·西塞带领的塞内加尔队能够出乎我们的意料吗？上一届世界杯塞内加尔队在前2轮小组赛发挥出色，最后1轮因为日本队拖延时间的打法遗憾地被淘汰出局，积累了一届世界杯经验的阿利乌·西塞在年初的非洲杯上又率领塞内加尔队拿到冠军，现在他手里拿着目前非洲球队里最好的“牌”，创造历史的任务交到了他的手中。

维吉尔·范戴克

出生年月：1991年7月8日

你能想象这将会是31岁的范戴克第一次参加世界大赛（世界杯与欧洲杯）吗？2019年范戴克在金球奖评选中以微弱的劣势输给了梅西，这是金球奖历史上第二名与第一名差距第二小的一次，在俱乐部已经证明自己实力的范戴克从未参加过国家队层面的大赛，对于任何球星来说这都是降低历史地位的硬伤，范戴克如果想在足坛历史地位中跻身一流，本次世界杯将会是他证明自己的机会。

Netherlands

荷兰队

全称：荷兰国家男子足球队
绰号：橙衣军团、无冕之王、郁金香
荣誉：1988年欧洲杯冠军
1974、1978、2010年世界杯亚军
队史最佳阵：4–3–3
门将：埃德温·范德萨
后卫：苏比尔、弗兰克·里杰卡尔德、雅普·斯塔姆、克罗尔
中场：韦斯利·斯内德、路德·古利特、约翰·克鲁伊夫
前锋：阿尔杨·罗本、马尔科·范巴斯滕、罗布·伦森布林克

球队身价：4.98亿欧元
世界排名：8
出线概率：75%
夺冠概率：7.70%
现任教练：路易斯·范加尔
现任队长：维吉尔·范戴克
球队核心：孟菲斯·德佩
第一射手：孟菲斯·德佩
聚焦新星：科迪·加克波

出线之路

在世界杯欧洲区预选赛中，荷兰队与土耳其、挪威、黑山、拉脱维亚、直布罗陀等队分在同一个小组。在第一循环客场对阵土耳其队和客场对阵挪威队的比赛中，荷兰队都没能够获胜，一度让球迷担心它的出线前景。

但是在第二循环的比赛中，荷兰队主场战胜了土耳其队和挪威队，由于土耳其队在对阵弱旅拉脱维亚队的比赛中被逼平，最终荷兰队凭借着与本组其他球队交手时的稳定发挥，以2个积分的微弱优势，成功以小组第一晋级世界杯。

征战历史

首次参赛年份：1934年
晋级世界杯次数：11次（1934、1938、1974、1978、1990、1994、1998、2006、2010、2014、2022年）
最好成绩：亚军（1974、1978、2010年）

预计首发

阵形：4-3-3
主帅：路易斯·范加尔
阿尔诺·丹朱马
戴维·克拉森
孟菲斯·德佩
达利·布林德
弗伦基·德容
史蒂文·博古伊斯
维吉尔·范戴克
格奥尔吉尼奥·维纳尔杜姆
斯特凡·德弗赖
贾斯廷·拜洛
登策尔·邓弗里斯

阵形：3-4-1-2
主帅：路易斯·范加尔
阿尔诺·丹朱马
孟菲斯·德佩
达利·布林德
史蒂文·博古伊斯
戴维·克拉森
马泰斯·德利赫特
弗伦基·德容
维吉尔·范戴克
贾斯廷·拜洛
斯特凡·德弗赖
登策尔·邓弗里斯

战术打法

路易斯·范加尔执教的荷兰队在参加世预赛时，一直主打“433”阵形，7场世预赛，在“433”阵形下，荷兰队的人员配置和踢法都比较固定，也改变了2020欧洲杯期间弗兰克·德波尔使用五后卫被诟病过于保守的问题。但在范加尔的这个“433”阵形下，中场没有纯粹的防守型后腰还是一个比较大的隐患，荷兰队在世预赛战绩不错也是得益于对手实力有限，荷兰队可以将更多的重心放在进攻端，让弗伦基·德容担当中场的“发动机”，发挥组织核心的作用，但如果真的到世界杯上面临强敌，德容在中场拦截方面的弱点也可能会被对手利用。

所以范加尔也开始尝试变阵为“3412”阵形，意图增加一个中后卫来稳固防守，但在这个阵形下，中场拦截薄弱的问题并没有得到缓解。尤其是德容中场拦截能力不强的弱点还是会被对手频繁利用，所以在世界杯上面对不同的对手，范加尔还是会采取不同的阵形和人员组合。但是在本小组当中，实力占优的荷兰队应该还是会“以我为主”，将更多的重心放到打好进攻上。

名单解析

门将

荷兰队的主力门将位置还存在一定变数，主帅范加尔上任之后直接扶正了费耶诺德队门将贾斯廷·拜洛。在连续6场世预赛比赛中，拜洛都得到首发，并且表现优异，因此在世界杯比赛中，拜洛依旧最有可能是主力门将。

最后一场世预赛，因为拜洛受伤而首发的贾斯珀·西莱森，将是第二门将的人选，2014年世界杯他就是范加尔麾下的主力门将，但这两年他在瓦伦西亚队频繁受伤很影响状态，所以范加尔应该会首选拜洛。

第三门将竞争更加激烈：弗赖堡队的马克·弗莱肯，在2022年3月的热身赛中得到机会，在德甲联赛有稳定的表现；老将蒂姆·克鲁尔则更富有经验，还有扑点球的绝技，所以范加尔的第三门将人选还得伤脑筋。

备选：约埃尔·德罗梅尔、马尔科·比佐

后卫

主力左中卫肯定是范戴克，如果踢三中卫阵形，他会是居中的人选。主力右中卫将是范加尔的爱将斯特凡·德弗赖，而马泰斯·德利赫特的位置就比较尴尬，如果打“433”阵形，那大概率他只能给前面两人打替补。如果是三中卫阵形，德利赫特则大概率会首发出战。曼城的纳坦·阿克应该可以进入大名单，中卫和左后卫他都可以胜任，但他的顺位明显靠后。如果没有伤病问题，这4人都将入选最终大名单。

主力左后卫将是达利·布林德，范加尔非常信任他在左路的精准传球。替补左后卫将选择蒂雷尔·马拉恰，他有着更出色的边路冲击力，因此变阵三中卫阵形的时候他肯定是打左边翼卫。参加了2020欧洲杯的欧文·温达尔在范加尔上任之后已经被马拉恰挤出首发阵容。

主力右后卫是登策尔·邓弗里斯，他的助攻能力是范加尔非常看重的。右后卫的替补，于里安·廷贝尔应该是首选，虽然在俱乐部主打中卫，但在世预赛范加尔让他打的是右后卫。另外，2022年3月伤愈复出的汉斯·哈特布尔有和廷贝尔竞争的实力，相比于廷贝尔，他进攻属性更强，更适合踢右边翼卫。

备选：乔丹·特泽、约埃尔·费尔特曼、德文·伦施、杰雷米·弗林蓬、帕特里克·范安霍尔特

中场

“433”阵形的三中场里居中拖后的是弗伦基·德容，在他左侧的是戴维·克拉森，这也是范加尔对荷兰队中场最大的调整，让德容退得更深，然后把克拉森这样一个进攻型中场放入首发，世预赛他不断前插进球的表现也是没有辜负教练的信任。右侧的主力还是格奥尔吉尼奥·维纳尔杜姆，他在进攻中也有很大幅度的压上，通过不断往对方防线身后前插来撕开防守，创造更好的得分机会。

替补首先是马滕·德罗恩，毕竟是有限的更偏向防守的中场球员。亚特兰大中场特恩·库普梅纳斯也逐渐得到范加尔的重用，他的攻守更平衡一些，在中场也比较全能，“433”阵形里既能踢居中拖后的中场，也能踢两侧更偏进攻的位置。

备选：多尼·范德贝克、瑞安·格拉文贝尔奇、若尔迪·克拉西

前锋

史蒂文·博古伊斯在世预赛一直占据着右路的主力位置，范加尔看中他兼具前腰的属性，可以内收与德佩等人形成更多的传切配合，然后把边路“走廊”留给助攻能力很强的邓弗里斯。同时在变阵“3412”阵形的时候，博古伊斯也可以踢单前腰，发挥组织进攻的能力。

左边的主力人选则还存在疑问，最开始范加尔选择科迪·加克波首发，这名踢了2020欧洲杯的小将本赛季在埃因霍温取得了长足的进步，是一个非常全能的边锋。但比利亚雷亚尔的阿尔诺·丹朱马在突破能力上更胜一筹，世预赛加克波受伤之后，范加尔也是启用了丹朱马打主力。还有一个选择是史蒂文·贝尔温，他左右两边都能踢，速度和冲击力也是他的优势，所以世界杯上这三人谁首发可能还得等到开赛时视状态

而定。

中锋位置孟菲斯·德佩肯定是首发，他在世预赛的得分效率非常出色，也有着绝对的核心地位。替补中锋有两人在竞争，从世预赛来看，范加尔明显更信任沃特·韦霍斯特，可以和韦霍斯特竞争的就是吕克·德容，虽然在范加尔上任之后他的顺位还比不过韦霍斯特，但如果在联赛里有更高光的表现的话，他就有机会作为替补的中锋参加世界杯。

备选：诺阿·朗、文森特·杨森、多尼尔·马伦

近年战绩

2018—2019赛季欧国联　亚军

在连续缺席2016年欧洲杯和2018年世界杯之后，荷兰队在科曼的率领下逐渐迎来复苏。2018—2019赛季的首届欧国联比赛中，荷兰队与2014年世界杯冠军德国队、2018年世界杯冠军法国队分在一个小组。最终荷兰队以与法国队两场比赛1胜1负，与德国队两场比赛1胜1平的成绩晋级半决赛。半决赛中荷兰队又战胜英格兰队，但在决赛中0：1遗憾地输给葡萄牙队，屈居亚军。虽然未能夺冠，但是范戴克、德利赫特领衔的新一代荷兰队，凭借着人才济济的后防线一扫颓势。

2019—2020赛季欧国联　A级别小组赛出局

首届欧国联亚军荷兰队在第二届欧国联与意大利队、波兰队、波黑队分在同一个小组。在这届比赛开打前，荷兰队发生重大变故，球队原主帅科曼辞职去往巴萨执教，执教履历单薄的弗兰克·德波尔接手球队。荷兰队在与本组最强的意大利队两回合交手中一平一负，在欧国联残酷的小组赛赛制下（每组第一才能晋级淘汰赛），遗憾地止步小组赛。

2020欧洲杯　十六强

2020欧洲杯延期到2021年举行对于荷兰队来说是个坏消息，一方面是科曼的离开让球队只能找到弗兰克·德波尔带队，另一方面头号球星范戴克在这个赛季又因伤报销，荷兰队在阵容不整的情况下出战这届欧洲杯。荷兰队在小组赛阶段发挥出色，接连战胜奥地利队、乌克兰队和北马其顿队，以小组赛全胜的成绩晋级淘汰赛，但是却在淘汰赛第1轮就被捷克队2：0淘汰。

鑫淼

荷兰队是一支浪漫的球队，有时候浪漫得让人心疼，因为“无冕之王”的称呼让人分不清是褒义词还是贬义词。

荷兰队就是世界杯上最像热血漫画主角的球队，从阿贝·伦斯特拉到克鲁伊夫到“三剑客”再到“三棍客”，即便如今，荷兰队也拥有由范戴克与德利赫特组成的世界第一防线，它的历史上从来不缺乏巨星。

如果你对足球战术史略有了解的话，就会知道荷兰足球无数次推动着足球战术的发展，从米歇尔斯到克鲁伊夫，再到20世纪90年代的范加尔，荷兰足球永远能够带给我们惊喜。

除了巨星与流派发源地的美妙，荷兰队还有着热血漫画主角最重要的特质——无缘冠军。荷兰队曾经在1974年、1978年、2010年三届世界杯打入决赛，但最终都与冠军无缘，“无冕之王”真的不是“印象流”，它确实是没拿过世界杯冠军的球队中打进世界杯决赛次数最多的。

如果让我非常主观地用四个字来形容荷兰足球，那我毫不犹豫地会说“克鲁伊夫”，虽然他在球员时代没能率领荷兰队拿到任何大赛的冠军，甚至1974年和1978年的两个世界杯亚军，他也只经历了一个，但这并不影响他一个人就能代表整个荷兰足球。

如果评判标准仅限于球员生涯，那克鲁伊夫无疑无法代表璀璨的荷兰足球，但克鲁伊夫退役后在其恩师米歇尔斯的基础上将荷兰足球的风格发扬光大，甚至让“荷兰足球”成了一个形容词，在整个足球历史上都留下了刻骨铭心的印记。

所以说了解和崇拜克鲁伊夫，能让你打破“冠军即伟大”这一偏见，树立更加立体的体育观与足球观，起码对于我来说是这样的。

正坤

荷兰队给我留下的最深刻的记忆还是在2010年的南非世界杯，当时在贝尔特·范马尔维克的带领下，荷兰队踢出了并非典型风格的荷兰足球。

那届的荷兰队有着凶狠的防守和强硬的球风，虽然进攻端没有以往那么华丽，但是在罗本等人的个人能力加持下，依旧打得非常有效率。就是这样一支非典型的荷兰队，一路过关斩将，最终闯入决赛。

决赛中荷兰队的对手是西班牙队，两支从来没有获得过世界杯冠军的球队相遇，罗本打丢的那个单刀球现在仍然令我记忆犹新，如果那个球没有被伊戈尔·卡西利亚斯的脚挡出，可能世界杯的历史就将完全改写，荷兰队“无冕之王”的称号或许也将不复存在。

但荷兰队总是与悲情联系起来，加时赛拼到最后双方都已经“弹尽粮绝”，安德烈斯·伊涅斯塔的绝杀让荷兰队终究没能将比赛拖到点球大战，西班牙队加冕成功，成了世界杯的新王者。

当时那支荷兰队给我留下了最高光的回忆，自此之后荷兰队便开始走下坡路，2012年欧洲杯小组赛三战皆负，耻辱出局，2014年世界杯实力已经严重下滑的荷兰队靠着老帅范加尔的经验进入四强，但没承想那竟成了罗本等人的“绝唱”。

2016年欧洲杯和2018年世界杯连续两届大赛，荷兰队都无缘决赛圈，让很多年轻的球迷直至2021年才第一次看到“橙衣军团”站上大赛舞台。现如今随着马尔滕·斯特克伦堡、瑞安·巴贝尔等老将淡出国家队，2010年那支闯入决赛的荷兰队真的是只能留存在回忆之中了。

每逢想起2010年世界杯的那个决赛之夜，我甚是为这朵无法绽放的郁金香惋惜。

Qatar
卡塔尔队

全称：卡塔尔国家男子足球队
绰号：白齿蛇、半岛军团
荣誉：2019年亚洲杯冠军
队史最佳阵：4-4-2
门将：穆罕默德·瓦法
后卫：穆巴拉克·安贝尔、阿德尔·哈米斯、拉贾布、阿布德尔卡里姆·哈桑
中场：哈尔范·伊卜拉欣、维萨姆·雷齐克、塔巴塔、蒙特齐内
前锋：塞巴斯蒂安·索里亚、曼苏尔·穆夫塔

球队身价：1900万欧元
世界排名：48
出线概率：13.5%
夺冠概率：0.35%
现任教练：菲利克斯·桑切斯
现任队长：哈桑·海多斯
球队核心：阿克拉姆·阿菲夫
第一射手：穆埃兹·阿里
聚焦新星：胡马姆·艾哈迈德

出线之路

卡塔尔队以东道主的身份直接晋级世界杯，不过其为了保持状态，依然参加了世界杯亚洲区预选赛四十强赛阶段的比赛，小组赛阶段取得7胜1平的不败战绩，还双杀了在十二强赛阶段给中国队带来大麻烦的阿曼队。

另外，本着锻炼队伍的目的，卡塔尔队在不计算积分的情况下参加了世界杯欧洲区预选赛的比赛，也因此得到了与葡萄牙、塞尔维亚等强队交手的机会。卡塔尔队被分在了葡萄牙队、塞尔维亚队、爱尔兰队、卢森堡队、阿塞拜疆队所在的A组，在主场战胜卢森堡队和阿塞拜疆队拿到两场宝贵的胜利，不过在对阵葡萄牙队和塞尔维亚队的两回合比赛中四战全败，丢了14球，仅打进1球，与顶级强队的差距还是较为明显。

征战历史

队史上首次入围世界杯。

预计首发

战术打法

卡塔尔队在主帅菲利克斯·桑切斯执教期间主要是打“532”阵形，这也是考虑到自身实力的现实选择，通过在后防线堆积更多的人来实现密集防守。在世界杯上，卡塔尔队大概率也是会采取防守反击的保守战术。三名中场球员会呈现一个倒三角形的站位，防守型的卡里姆·布迪亚夫站在居中拖后的位置，两侧的队友则会在进攻中压得更靠上。进攻时两个边翼卫会顶得更靠上，相对来讲左侧的攻势会多一些，胡马姆·艾哈迈德是一个进攻属性更强的边翼卫。

在2021年底的阿拉伯杯上，卡塔尔队也在打不开局面时尝试变阵为“4231”阵形，撤下一个中卫的同时增加一个后腰人选，然后阿克拉姆·阿菲夫和穆埃兹·阿里成为左右两个边前卫，阿卜杜勒阿齐兹·哈特姆位置前提成为前腰，在这样的阵形下，卡塔尔队能够将更多的兵力投入到中前场。这是菲利克斯·桑切斯在需要加强进攻时所采取的变阵手段。

门将

首发门将会是萨阿德·希卜，他在前面几届大赛都是主力门将，2019年亚洲杯也发挥出色。第二门将是马沙勒·巴尔沙姆，虽然他在俱乐部踢的比赛更多，但国家队选拔球员更看重经验。第三门将应该会是优素福·哈桑，他在此前的热身赛和阿拉伯杯都获得过登场时间。

备选：马哈茂德·阿布纳达、萨拉赫·扎卡里亚

后卫

三中卫里主力的左中卫是阿卜杜勒卡里姆·哈桑，他是卡塔尔队防线上最高的队员，尽管哈桑是左后卫出身，但桑切斯在多数情况下还是会让他打中卫。居中的中卫是布阿莱姆·胡希，他是一个强硬的拦截型中卫，也要承担很重要的防空任务，尤其是哈桑被推上去打左翼卫的时候。右中卫是巴萨姆·拉维，他出球能力不错，卡塔尔队经常通过他直接长传来发动反击。

替补中卫首先是塔里克·萨勒曼，他的特点是回追和补位能力强，但防空却是短板。另一个替补中卫是穆罕默德·瓦德·巴亚提，他在俱乐部的大部分时间都出现在中场位置，但国家队中场和中卫的位置他也都能胜任。

主力左边翼卫是胡马姆·艾哈迈德，他的突破能力很出色，助攻上去对进攻端帮助很大。主力右边翼卫是佩德罗·米格尔，他同时也可以内收踢中卫。替补方面更偏进攻的是伊斯梅尔·穆罕默德，边锋出身的他有着不错的突破和传中能力，有时候甚至可以推到锋线上。第三个人选就是穆萨卜·海德尔，他是一个攻守更平衡的边翼卫，而且左右两边都能踢。

备选：艾哈迈德·苏海勒、贾西姆·阿卜杜勒萨拉姆、苏丹·布赖克

中场

三中场居中拖后的是卡里姆·布迪亚夫，他是一个身材高大的拦截型后腰。左边的是阿卜杜勒阿齐兹·哈特姆，他是一个前插能力很强的中场。右边的中场则是哈桑·海多斯，脚下技术出色的他是卡塔尔队的进攻“发动机”，承担主要的组织和串联工作。

替补首先是阿西姆·马迪博，他基本上只踢居中拖后的位置，拦截和扫荡是他的特点。中场两侧的替补首先是阿卜杜拉·阿卜杜勒萨拉姆，他是一个更偏向进攻的中场。另一个是阿里·阿萨德，他的攻守更平衡一些，甚至可以拉边踢边翼卫。此外，2022年3月的热身赛还首发过小将纳伊夫·哈德拉米，他的特点是既能踢中场也可以顶上锋线。

备选：萨利姆·哈伊里、阿卜杜拉·马拉费、艾哈迈德·法特希、艾哈迈德·杜赞德

前锋

锋线组合中阿菲夫会占据一个首发，他是全队脚下技术最出色的球员，有着很强的拿球能力。他的搭档是穆埃兹·阿里，他是一个很全能的中锋，无论是门前得分还是做支点为队友创造机会都表现突出。

替补首先是高中锋穆罕默德·蒙塔里，虽然他一般不会首发，但却是替补席上改变战局的利器。另一个主要的替补前锋是艾哈迈德·阿拉丁，他是一个脚下技术出色并且更偏向组织型的中锋。

备选：优素福·阿卜杜里萨杰、穆尼尔·马齐德、哈齐姆·谢哈塔、阿卜杜勒·穆斯塔法

近年战绩

2019年亚洲杯：冠军

卡塔尔队与沙特阿拉伯队、黎巴嫩队、朝鲜队同组。三场小组赛，卡塔尔队状态出色，2：0战胜黎巴嫩队，6：0大胜朝鲜队，2：0战胜实力强劲的沙特阿拉伯队，以零失球的豪横姿态晋级淘汰赛。1/8决赛，卡塔尔队面对伊拉克队的强悍防守，最终1：0战胜对手。1/4决赛，面对东亚豪门韩国队，卡塔尔队又出人意料地以1：0战胜对手。此时卡塔尔队的黑马身份已经非常明显，它有望继续创造历史。半决赛面对东道主阿联酋队，卡塔尔队更是以4：0痛击对手，就这样卡塔尔队晋级决赛。这支奇迹之师，在决赛的对手是亚洲当时实力最为强大的日本队。但是卡塔尔队将奇迹上演到底，最终3：1战胜对手，队史上首次夺得亚洲杯冠军。

Ecuador

厄瓜多尔队

全称：厄瓜多尔国家男子足球队
绰号：高原之魔、三色军团
荣誉： 1959、1993年美洲杯四强
队史最佳阵：4-4-2
门将：何塞·塞瓦略斯
后卫：德拉克鲁兹、莱卡罗、胡尔塔多、卡普罗
中场：安东尼奥·巴伦西亚、埃迪森·门德斯、阿莱士·阿吉纳加、保罗·卡雷拉
前锋：奥古斯丁·德尔加多、阿尔贝托·斯宾塞

球队身价：9700万欧元
世界排名：44
出线概率：46.2%
夺冠概率：0.17%
现任教练：古斯塔沃·阿尔法罗
现任队长：恩纳·巴伦西亚
球队核心：恩纳·巴伦西亚
第一射手：迈克尔·埃斯特拉达
聚焦新星：莫伊塞斯·凯塞多

出线之路

世界杯南美区预选赛中，厄瓜多尔队依然保持着自己高原主场的巨大优势。在9个主场比赛中，厄瓜多尔队取得5胜3平1负的好成绩，在主场就拿到了18分，主场面对阿根廷队和巴西队都收获了平局，仅仅输给了秘鲁队；而到了客场比赛中，厄瓜多尔队9场比赛2胜2平5负，只拿到了8分。最终厄瓜多尔队以26个积分力压秘鲁、哥伦比亚、智利等球队获得了一个直接晋级世界杯的名额。

征战历史

首次参赛年份：2002年
晋级世界杯次数：4次（2002、2006、2014、2022年）
最好成绩：十六强（2006年）

预计首发

战术打法

厄瓜多尔队在主帅古斯塔沃·阿尔法罗的执教下战术非常多变，从整个世预赛进程来看，最常用的阵形是“4231”，在这个阵形下，厄瓜多尔队的攻守会更均衡一些。当然，首发11人也会根据对手采取不一样的站位：面对同组像卡塔尔队这样实力一般的对手时，阿尔法罗可能会把阵形变为“442”，恩纳·巴伦西亚内收打中锋，然后让安赫尔·梅纳平移到左边变为左前卫；而面对荷兰队这样的强敌时，阿尔法罗也可能会像世预赛面对巴西队那样变阵“433”，让阿兰·佛朗哥内收打右中场，然后梅纳去打右边锋，进一步提升防守的硬度。

当然在世预赛期间，厄瓜多尔队也尝试过三中卫的阵形，毕竟像彼罗·因卡皮耶、罗伯特·阿沃莱达等中卫都还兼具边卫属性，可以比较容易地适应三中卫阵形，如果在一些特殊局面下，阿尔法罗想去安排更保守的战术，也有可能将四后卫的阵形切换为三中卫或五后卫的战术体系。

名单解析

门将

主力门将是亚历山大·多明格斯，丰富的经验是他最大的优势，他也是厄瓜多尔队参加2014年世界杯时的主力。第二门将是埃尔南·加林德斯，他在世预赛也打过主力。第三门将是佩德罗·奥尔蒂斯，他在2021年美洲杯前两场比赛是首发，但自此之后他的首发机会不多。

备选：莫伊塞斯·拉米雷斯、何塞·塞瓦略斯、豪尔赫·皮诺斯

后卫

在中卫方面，主力左中卫是彼罗·因卡皮耶，他的脚下技术出色，同时也能踢左后卫。右中卫是费利克斯·托雷斯，他有着出色的抢点能力，但出球比较一般。在替补方面，罗伯特·阿沃莱达是第三中卫，同时也可以作为右后卫的轮换。与他特点类似的是哈维尔·阿雷亚加，中卫和右后卫都能胜任。

主力左后卫是佩尔比斯·埃斯图皮尼安，他在左路助攻幅度很大，出色的传中是进攻中很重要的破局方式。替补是迭戈·帕拉西奥斯，左后卫和左前卫都能胜任。

主力右后卫是拜伦·卡斯蒂略，他的助攻属性非常强，右后卫和右前卫都能胜任。替补是安赫洛·普雷西亚多，相比之下他的身体素质和防守能力要更为出色。

备选：费尔南多·莱昂、富兰克林·格拉、哈克松·波罗佐、克里斯蒂安·克鲁斯、何塞·乌尔塔多、罗马里奥·凯塞多

后腰

双后腰中卡洛斯·格鲁埃索主要负责拦截和防守，他在2014年就参加过世界杯。而莫伊塞斯·凯塞多则会更多地参与进攻，他的带球推进对由守转攻很重要。

替补首先是赫格森·门德斯，他主要是轮换格鲁埃索的位置。另外一个主要替补就是身材高大的迈克尔·卡塞伦，换他上场一般就是为了加强防守。此外还有更偏进攻的何塞·西富恩特斯，他的踢球风格比较类似于凯塞多。

备选：费尔南多·盖沃尔、狄克逊·阿罗约

前卫

主力前腰是安赫尔·梅纳，他在中前场位置非常灵活，在前腰位置上兼具得分和送威胁球的能力。轮换的人选是贡萨洛·普拉塔，他可以胜任前腰和边锋，灵活地在两个位置间进行切换，前腰和两个边锋都可以胜任，相比梅纳，他的冲击力更为出色。

“4231”阵形下左边路会使用队长恩纳·巴伦西亚，2014年世界杯小组赛3战3球的表现给人留下了很深的印象。右侧的主力则是打中前卫出身的阿兰·佛朗哥。

边路的替补首先是艾尔顿·普雷西亚多，他是一个爆点型的边锋。另一个替补是赫雷米·萨缅托，虽然潜力很足，但经验还比较欠缺。因此，世预赛也有一定出场次数的霍奥·罗哈斯还能与他竞争。

备选：霍汉·胡利奥、胡尼奥尔·索尔诺萨、罗马里奥·伊瓦拉、亚历山大·阿尔瓦拉多、华盛顿·科罗索、詹纳·科罗索

前锋

主力选择是迈克尔·埃斯特拉达，既有身高优势，还兼具不错的脚下技术。替补的选择是霍尔迪·凯塞多，他的冲击力很不错，在世预赛后期获得了更多机会。此外，布赖恩·安古洛也在世预赛获得了一些登场时间，他和参加了2021年美洲杯的莱昂纳多·坎帕纳也有机会入选大名单。

备选：德约卡夫·雷亚斯科、何塞·安古洛

近年战绩

2019年美洲杯：小组赛出局

本届美洲杯厄瓜多尔队与上届冠军智利队、乌拉圭队、日本队同组。厄瓜多尔队首战0：4惨败于乌拉圭队，余下两场1负1平，小组赛出局。

2021年美洲杯：八强

厄瓜多尔队与巴西、秘鲁、哥伦比亚、委内瑞拉四队分在一组，小组赛中3平1负，以小组第三跻身淘汰赛。在八强战中，厄瓜多尔队0：4不敌梅西领衔的阿根廷队，无缘四强。

Senegal
塞内加尔队

全称：塞内加尔国家男子足球队
绰号：特兰加雄狮
荣誉：2021非洲杯冠军
队史最佳阵：4-4-2
门将：爱德华·门迪
后卫：费迪南·科利、卡利杜·库利巴利、罗杰·门迪、伊卜拉欣·巴
中场：萨迪奥·马内、欧马尔·塞内、帕帕·迪奥普、哈利洛·法迪加
前锋：迪乌夫、博坎德

球队身价：3.08亿欧元
世界排名：18
出线概率：60%
夺冠概率：0.19%
现任教练：阿利乌·西塞
现任队长：卡利杜·库利巴利
球队核心：萨迪奥·马内
第一射手：萨迪奥·马内
聚焦新星：帕普·萨尔

出线之路

世界杯非洲区预选赛的赛程分为两个阶段，第一阶段是小组赛，每组4个队，共10个小组，10个小组第一再两两对决，决出5个世界杯名额。塞内加尔队第一阶段与多哥、纳米比亚、刚果（布）三队分在了一个小组，实力超群的塞内加尔队以6场比赛5胜1平的绝对优势晋级下一阶段。

在第二阶段中塞内加尔队遇上了非洲杯决赛对手——萨拉赫率领的埃及队。首回合塞内加尔队客场0：1不敌埃及队，次回合在主场凭借着埃及队队员的一记乌龙球扳平总比分，将比赛拖到点球大战。最终塞内加尔队凭借着主场之利与“激光束”的帮助，点球大战淘汰埃及队晋级世界杯。

征战历史

首次参赛年份：2002年
晋级世界杯次数：3次（2002、2018、2022年）
最好成绩：八强（2002年）

预计首发

战术打法

塞内加尔队在世预赛和2022年初的非洲杯上，采用最多的阵形还是“4231”。在此阵形下，主帅阿利乌·西塞可以把萨迪奥·马内的位置撤得更深一些，让他去协助中场的串联组织，但马内对这种打法不太适应，所以在世预赛和非洲杯上塞内加尔队的进攻打得并不出色。不过强大的防守是塞内加尔队在2021非洲杯上夺冠，并且在世预赛中淘汰埃及队晋级世界杯的关键。

除“4231”之外，塞内加尔队也可以变阵为“433”或者“442”，变阵“433”意味着把马内放回锋线，中场再增加一个后腰人选，这样的调整可以进一步地增强防守拦截的能力，进攻端则会更加依赖反击，面对像荷兰队这样的强敌时，阿利乌·西塞可能会采取这样的战术。而打不开局面时，阿利乌·西塞也会增加一个高中锋将阵形变为“442”，马内重新打回左边，这是塞内加尔队在需要加强进攻时会采取的方式。

名单解析

门将

主力门将是爱德华·门迪，他的出现让门将成为塞内加尔队最强的位置之一。第二门将是阿尔弗雷德·戈米，2018年世界杯他就已经在大名单当中了。第三门将的人选是赛尼·迪昂，2021非洲杯前两场比赛，门迪和戈米都无法上场，就是由他首发出场。

身高超过两米的小将阿利乌·法蒂也进入过世预赛比赛名单，2021非洲杯他是第四门将，因此如果前三人有谁受伤的话，他有机会进入大名单。

备选：宾古鲁·卡马拉

后卫

卡利杜·库利巴利是首发的右中卫，无论是防守硬度还是防守意识，他都是队内最出色的。左中卫是阿卜杜·迪亚洛，作为这些年塞内加尔队归化的最重要的球员，他与库利巴利已经形成了很好的默契。

替补中卫首先是帕普·西塞，1.98米的身高在两个禁区都很有威慑力。另一个替补是阿卜杜拉耶·塞克，但塞克登场的概率不大，如果主力中卫因伤无法上场，相比于让塞克登场，可能阿利乌·西塞更信任谢胡·库亚特，会让他从后腰撤回来打中卫。

主力左后卫是萨利乌·西斯，他能坐稳首发的原因除了更丰富的经验之外，也得益于更出色的进攻能力。替补左后卫巴洛·图雷的机会比较有限，需要加强防守时阿利乌·西塞会用他换下一个边锋，然后把西斯推得更靠前。

主力右后卫是去年归化的布纳·萨尔，与左路的西斯相似，萨尔也是右后卫和右前卫都能踢。替补是优素福·萨巴利，他左右两个边后卫都能胜任，后面如果表现更好，其实西斯和布纳·萨尔的主力位置他都有能力去争夺。

备选：易卜拉希马·姆巴耶、穆塔鲁·巴尔德

后腰

双后腰中在左侧的是伊德里萨·盖耶，他在中场的奔跑覆盖面积非常广。右侧的是谢胡·库亚特，他身材高大，有着出色的正面拦截能力。如果想加强中场控制力，阿利乌·西塞会变阵“433”，并派南帕利·门迪上场。

两个主要的中场替补，一个是擅长防守的帕普·盖耶，另一个是擅长进攻的帕普·萨尔，他在拿球和推进方面都有不错的能力。

备选：马马杜·卢姆、约瑟夫·洛皮、穆斯塔法·内姆

前卫

前腰是为萨迪奥·马内专设的位置，

他在中前场有着很高的自由度，如果阿利乌·西塞变阵“433”或者“442”，那马内会回到左路。

在“4231”阵形下，左边会使用伊斯梅拉·萨尔，这能更好地发挥他的内切能力。右路首发是克雷潘·迪亚塔，2021年他已经完全坐稳了主力位置，但在2021年底，他的十字韧带断裂，重伤的经历可能会对他的主力位置产生影响。替补是凯塔·巴尔德，虽然2022年出场机会不多，但他在边路的冲击力还是不错的。

备选：伊利曼·恩迪亚耶、萨达·丘布、马姆·蒂亚姆、阿卜杜拉·西马

前锋

主力中锋是布莱·迪亚，变阵“433”的情况下他也经常会被阿利乌·西塞放到右路，与迪亚特点类似的还有班巴·迪昂，同样是中锋和右边锋都可以胜任。另外两个选择，一个是高中锋法马拉·迪耶迪乌，另一个是哈比卜·迪亚洛，在需要变阵“442”强攻时，阿利乌·西塞可能会给迪亚洛机会。

近年战绩

2018年世界杯：小组赛出局

塞内加尔队在小组赛的3战中1胜1平1负，与日本队的胜负和净胜球成绩相同，但因三场比赛黄牌数多于日本队，位列小组第三遭淘汰。

2019年非洲杯：亚军

塞内加尔队在小组赛中2胜1负，以小组第二出线，随后一路高歌猛进杀入四强，半决赛依靠对手的乌龙球胜出。但在决赛中，塞内加尔队开场不到两分钟就被对手破门，最终0：1败北，遗憾收获亚军。

2021非洲杯：冠军

塞内加尔队在小组赛中1胜2平，以此届赛事积分最低的小组第一出线。淘汰赛中塞内加尔队找回状态，一路披荆斩棘杀入决赛。决赛面对埃及队，双方120分钟打成0：0，在点球大战中塞内加尔队4：2击败对手，队史上首次问鼎非洲杯。

20
11
USA
10

B组

『三狮军』签运上佳，『红龙』或创最佳绩

英格兰　伊朗　美国　威尔士

全景瞭望

详细赛程

第1轮

开球时间	交战双方	比赛场地	观赛指数	进球展望
11月21日 21：00	英格兰队 VS 伊朗队	哈里法国际体育场	★★★★	≤2
11月22日 03：00	美国队 VS 威尔士队	艾哈迈德·本·阿里 球场	★★★	≥2

第2轮

开球时间	交战双方	比赛场地	观赛指数	进球展望
11月25日 18：00	威尔士队 VS 伊朗队	艾哈迈德·本·阿里 球场	★★	≤2
11月26日 03：00	英格兰队 VS 美国队	海湾球场	★★★★	≥3

第3轮

开球时间	交战双方	比赛场地	观赛指数	进球展望
11月30日 03：00	伊朗队 VS 美国队	阿图玛玛球场	★★★★★	≤2
11月30日 03：00	威尔士队 VS 英格兰队	艾哈迈德·本·阿里 球场	★★★★★	≥2

红牌概率	点球概率	冷门指数	比分预测	球迷预测
55%	70%	★	1 : 0; 2 : 0	□:□; □:□
30%	25%	★★	1 : 1; 1 : 2	□:□; □:□

红牌概率	点球概率	冷门指数	比分预测	球迷预测
27%	75%	★	1 : 0; 2 : 0	□:□; □:□
7%	67%	★	4 : 0; 3 : 0	□:□; □:□

红牌概率	点球概率	冷门指数	比分预测	球迷预测
92%	88%	★★★★★	0 : 0; 1 : 0	□:□; □:□
11%	29%	★★★★★	2 : 2; 1 : 1	□:□; □:□

焦点短评

威尔士队VS英格兰队

之所以选择这一场比赛，并不是单单因为俗套的“英国德比”的噱头，这组对决有着悠久的历史。从1883年开始，当大多数国家还没有开展足球运动时，英格兰队和威尔士队每年都会在英国本土四角锦标赛（British Home Championship）中交手，在这漫长的一个半世纪中，实力更胜一筹的英格兰队占据着绝对的优势。

在大赛的正赛中，两支球队仅仅在2016年的欧洲杯上有过一次交手，当届欧洲杯取得四强好成绩的威尔士队在小组赛阶段输给了最终无缘八强的英格兰队。本次世界杯两支球队将会在小组赛最后1轮碰面，届时英格兰队很有可能已经提前出线，能不能放威尔士队一马呢？

伊朗队VS美国队

这是一场看双方名字就噱头十足的对决，我们常说足球比赛就是现代的战争，如果一场足球比赛的两支球队在球场之外还有更深层次的对立，那么这场比赛将会真正地无限趋近于一场战争，就好像1986年阿根廷队与英格兰队之战，双方都背负着远高于一场足球比赛的压力。

伊朗队和美国队在1998年世界杯世界杯小组赛中就被分在一组，在阿里·代伊和马达维基亚的优异发挥下，最终伊朗队2：1击败了美国队，拿下了一场“沉甸甸”的胜利。本次世界杯两支球队再次被分到同一个小组，又是在小组赛最后1轮碰面，很有可能两队在最后1轮迎来一场“win or go home（要么获胜，要么回家）”的生死战，这让本场比赛更加令人期待。

本组之星

加雷斯·贝尔

出生年月：1989年7月16日

“大圣”的最后一舞要来了。33岁的贝尔真的累了，他在俱乐部已经处在“半退休”的状态，他曾在皇马取得了无数的荣誉，又在欧冠决赛等大舞台上制造了无数名场面，贝尔的职业生涯已经非常成功。对于贝尔来说，职业生涯只剩下一个目标，那就是率领威尔士队参加队史上第二次世界杯。卡塔尔究竟会成为“大圣”的凌霄宝殿还是五指山？我相信贝尔会给我们带来惊喜。

作者视角

正坤

这个小组的局势可以说是“一超三强”，英格兰队的实力毫无疑问是远胜于另外三支球队的。作为2018年世界杯的四强之一和2020欧洲杯的亚军，加雷斯·索斯盖特执教的这支英格兰青年军已经积累了比较丰富的大赛经验，2022年的卡塔尔世界杯应该是“三狮军团”出成绩的时候了，我认为英格兰队拿到小组第一不成问题。

另外三支球队的实力非常接近，美国队在二档球队当中实力并不突出，作为本届世界杯平均年龄最小的球队之一，经验也比较欠缺。而威尔士队虽然是实力最强的四档球队，但加雷斯·贝尔和阿龙·拉姆塞等核心球员也已经过了巅峰期。因此我反而比较看好整体实力很均衡的伊朗队可以突出重围。2018年世界杯，伊朗队就在小组赛中给西班牙队和葡萄牙队制造了很大麻烦，本次世界杯伊朗队的小组对手并不像上届世界杯那么强，伊朗队有机会从小组当中出线。

鑫淼

英格兰队是本届世界杯的热门球队，近些年英超联赛的风格发生了大的变化，瓜迪奥拉、克洛普、孔蒂等走在时代前沿的教头让英超联赛在战术上不再落后于欧洲大陆的其他联赛，甚至成了战术发展的排头兵，这也让英格兰队这些年培养的球星不再像我们印象里的那样古板，三条线上都有超级球星压阵。

不过英格兰队的一大问题还是在于主教练索斯盖特的能力，我对英格兰队的最大担心是逆境时的发挥，不过分在这样一个竞争对手不强的小组对于英格兰队来说显然是个好消息，如果小组赛阶段能够收获连胜，那英格兰队的小伙子很有可能将势头带进淘汰赛。本组的另外一大看点，就是除了英格兰队之外的其他三队水平接近，这何尝不是“死亡之组”？我看好本组中世界杯经验最少的威尔士队，希望它能够在贝尔的率领下杀出重围。

哈里·凯恩

出生年月：1993年7月28日

2018年哈里·凯恩拿到了世界杯金靴奖，而在世界杯接近百年的历史中从未有过两次拿到金靴奖的球员。29岁的凯恩正处在自己的黄金年龄，已经成为英格兰队队史头号射手的他将会在世界杯赛场上冲击至高的个人荣誉。当然了，比金靴奖更为重要的，是他能否率领英格兰队时隔近60年再次夺得大赛冠军。

England
英格兰队

全称：英格兰男子足球代表队
绰号：三狮军团
荣誉：1966年世界杯冠军
2020欧洲杯亚军
队史最佳阵：4-4-2
门将：班克斯
后卫：阿姆菲尔德、特里、博比·摩尔、阿什利·科尔
中场：贝克汉姆、瓦德尔、加斯科因、博比·查尔顿
前锋：莱茵克尔、吉米·格里夫斯

球队身价：13亿欧元
世界排名：5
出线概率：91.2%
夺冠概率：8.10%
现任教练：加雷斯·索斯盖特
现任队长：哈里·凯恩
球队核心：哈里·凯恩
第一射手：哈里·凯恩
聚焦新星：菲尔·福登

出线之路

英格兰队在世预赛欧洲区与波兰队、匈牙利队两支欧洲杯正赛球队分在同组。英格兰队在第一循环的5场世预赛中取得5连胜，同期领先波兰队5分、匈牙利队8分，早早锁定了小组第一的位置。随后英格兰队的发挥也十分稳定，第二循环的5场比赛依然保持不败，最终10场比赛取得8胜2平的傲人战绩，打进39球，仅丢3球，领先小组第二名波兰队6分，最终以小组第一的成绩直接晋级世界杯。

征战历史

首次参赛年份：1950年
晋级世界杯次数：16次（1950、1954、1958、1962、1966、1970、1982、1986、1990、1998、2002、2006、2010、2014、2018、2022年）
最好成绩：冠军（1966年）

预计首发

阵形：4–3–3
主帅：加雷斯·索斯盖特
杰克·格拉利什
梅森·芒特
哈里·凯恩
卢克·肖
德克兰·赖斯
拉希姆·斯特林
哈里·马奎尔
卡尔温·菲利普斯
乔丹·皮克福德
约翰·斯通斯
凯尔·沃克

阵形：3–4–3
主帅：加雷斯·索斯盖特
菲尔·福登
卢克·肖
哈里·凯恩
德克兰·赖斯
拉希姆·斯特林
哈里·马奎尔
卡尔温·菲利普斯
约翰·斯通斯
基兰·特里皮尔
乔丹·皮克福德
凯尔·沃克

战术打法

英格兰队在加雷斯·索斯盖特执教之后一直有两套主打阵形，面对比自己实力弱的对手时，索斯盖特会选择“433”的阵形，在进攻端投入更多兵力，借助中场的控制力以及两个边路的爆点能力，撕开对方的密集防守。这也是英格兰队在2020欧洲杯上用得最多的阵形，在世预赛中英格兰队用起这套阵形也是得心应手。在世界杯小组赛面对比自己实力弱的对手时，这也是英格兰队更可能采用的阵形。

但如果面对实力接近的强敌，索斯盖特就会将阵形调整为“343”，凯尔·沃克内收变为三中卫里的右中卫，然后撤下一个中前卫，再增加一个右边翼卫。这套阵形是2018年世界杯上英格兰队所主打的。2020欧洲杯决赛面对意大利队，英格兰队也是采用了这个阵形首发以增强防守。因此本届世界杯到了淘汰赛阶段，英格兰队也可能会在比赛中变阵为这套更注重防守的“343”。

名单解析

门将

主力门将的位置应该还是归属乔丹·皮克福德，加雷斯·索斯盖特还是一个很看重大赛经验的主帅，皮克福德作为前两届大赛的主力，在本届世界杯英格兰队的比赛中大概率还是首发。替补门将是3选2的局面，第二门将应该是阿龙·拉姆斯代尔，他虽然在2020欧洲杯以及世预赛上的出场顺位并不靠前，但凭借着加盟阿森纳后的表现，他在英格兰队的顺位应该也有了提升。

参加了上届世界杯的尼克·波普在世预赛上一度遭到了索斯盖特的弃用，但凭借着在英超联赛的稳定发挥，他还是在2022年重新回到了英格兰队阵中。而萨姆·约翰斯通虽然参加了2020欧洲杯，世预赛上也曾有直接手抛球助攻杰克·格拉利什的优秀表现，但在英冠联赛踢球确实是个减分项。

备选：弗雷泽·福斯特

后卫

在中后卫方面，哈里·马奎尔大概率还是首发，虽然在曼联表现不佳，但到了英格兰队他的发挥还算稳健，而且在进攻端屡屡破门。而他的搭档依旧会是约翰·斯通斯，两个人从世界杯到欧洲杯一直并肩作战，建立了良好的默契。

蒂龙·明斯是第三中卫的竞争者之一，2020欧洲杯他一度顶替了马奎尔的位置，但现如今他面临着非常激烈的竞争。同样参加了2020欧洲杯的本·怀特，中卫和右后卫都能胜任，AC米兰的菲卡约·托莫里为球队在意甲夺冠立下了汗马功劳，再加上2022年连续得到征召的马克·格伊，这三名小将都有希望冲击第三中卫的位置。相比于明斯，反倒是2020欧洲杯的第四中卫康纳·考迪的位置更稳，在狼队踢惯了三中卫的他很适应“343”的阵形，是索斯盖特变阵的选择。

主力左后卫还是卢克·肖，如果变阵三中卫踢左边翼卫同样是绝对主力。本·奇尔韦尔原本是左后卫的有力竞争人选，但他在2022年遭遇重伤，在世界杯出场的前景也因此蒙上了阴影。但其实左后卫还有很多人可以踢，基兰·特里皮尔在英格兰队也经常打这个位置。

在右后卫方面，如果四位出色的球员没有伤病的话，索斯盖特是有可能把他们全都带上的。凯尔·沃克还是主力，他的防守能力和经验是四个人里最出色的。如果索斯盖特变阵三中卫，他会让沃克内收打右中卫，然后右边翼卫派上另外一个人选，特里皮尔是此前登场最多的，但考虑到他经常出任左后卫，所以特伦特·亚历山大·阿诺德也有机会，他的进攻属性是四个人里最出色的。

四名右后卫里经常出现在中场的是里斯·詹姆斯，毕竟当年在维冈竞技经常踢后腰，世预赛登场的大部分时间都是作为中场球员使用。虽然詹姆斯的本职还是右后卫，但在索斯盖特心中，他可能已经是替补后腰了。

备选：泰里克·米切尔、詹姆斯·贾斯汀、凯尔·沃克·彼得斯、基兰·特里皮尔

中场

在“433”阵形下，三个中场居中的是德克兰·赖斯，他会承担主要的拦截工作，同时他极具穿透性的直传球，对进攻帮助也很大。左侧则是梅森·芒特，进攻当中芒特会顶得更加靠上，甚至有时候会换位来到左边锋的位置，但退守的时候会与另外两个中场平行，他不惜力的奔跑与防守也是他能打首发的原因之一。右侧则是卡尔温·菲利普斯，进攻时如果芒特压得比较靠上的话，菲利普斯这一侧前压的幅度会小一些，所以英格兰队进攻中有的时候阵形看起来也像“4231”。

轮换方面首先是菲尔·福登，踢“433”主要是跟芒特轮换使用，强攻时两人也可以一同登场。而如果变阵“343”，福登则更多地会去踢边锋。另外一个中场的主要轮换是乔丹·亨德森，他是一个攻守比较平衡的中场，居中以及两侧的中场区域都可以踢。

备选：杰西·林加德、康纳·加拉格尔、詹姆斯·沃德·普劳斯、祖德·贝林厄姆

前锋

在边锋方面，左边的主力应该会选择杰克·格拉利什，这是他最擅长的位置，内切突破能够给对手制造很大威胁，还可以把边路走廊留给卢克·肖插上。为了发挥格拉利

什的作用，索斯盖特现在基本上都是让拉希姆·斯特林首发打右路，当然在这一侧斯特林的发挥也不错，不仅有极强的个人盘带能力，也经常能与凯恩打出不错的配合。

在替补方面，布卡约·萨卡能锁定一个位置，左右两个边锋都可以胜任，还可以打左边翼卫。除了萨卡之外，还有四名边锋在争夺替补的席位。马库斯·拉什福德有着丰富的大赛经验，参加过三届大赛的球员在现在的英格兰队里屈指可数，杰登·桑乔在2020欧洲杯上同样有登场，但这两人在曼联也确实发挥不佳，因此索斯盖特在世预赛后期给了埃米尔·史密斯·罗机会。

最后就是中锋位置，主力人选肯定是哈里·凯恩，8场世预赛打进12球的他成了世预赛欧洲赛区的最佳射手。替补的人选索斯盖特倾向于塔米·亚伯拉罕，2021—2022赛季，他帮助罗马拿到了欧协联（欧洲足联欧洲协会联赛，简称欧协联）的冠军。

备选：奥利·沃特金斯、帕特里克·班福德、多米尼克·卡尔沃特勒温、贾罗德·鲍恩

近年战绩

2018—2019赛季欧国联：季军

欧国联赛制十分残酷，只有小组第一才能进入淘汰赛阶段，英格兰队在第一届欧国联比赛中力压西班牙队和克罗地亚队晋级淘汰赛，淘汰赛1∶3负于罗纳德·科曼执教时期的荷兰队，无缘冠军的争夺。

2020欧洲杯：亚军

在2021年举办的欧洲杯上，英格兰队一路高歌猛进杀入最后的决赛，决赛在坐拥主场之利的情况下先进一球，却被意大利队将比分扳平，最终倒在了残酷的点球大战中，遗憾地收获亚军。不过这也是英格兰队在欧洲杯历史上取得的最好成绩。

2020—2021赛季欧国联：A组别小组赛出局

第二届欧国联比赛，英格兰队与比利时队、丹麦队、冰岛队分在了同一小组，6场比赛中英格兰队与比利时队的两场较量1胜1负，两回合对阵丹麦队1平1负，最终以小组第三的身份无缘淘汰赛。

鑫淼

英格兰队对于20世纪80年代末90年代初出生的我们这一代球迷来说有着独特的意义，因为年龄的原因我们没能赶上意甲“小世界杯”时期的巅峰岁月，在20年前我们开始看球的时候，英超联赛的影响力逐渐成为独一档的存在，这一点从这些年英超联赛版权费远远超出其他几大联赛就能看出。

因此，即使是我这样的资深意大利球迷，对近几届世界杯英格兰队的主力和替补都能做到倒背如流。我印象最深的一支英格兰队当数2006年世界杯上的英格兰队，场上11个位置全部都能派出响当当的球星，那一届英格兰队23人大名单中的四大中卫是彼时“英超BIG4”的四大后防核心——费迪南德、特里、坎贝尔和卡拉格。边后卫是阿什利·科尔和加里·内维尔，中场有兰帕德、杰拉德、哈格里弗斯、贝克汉姆和乔·科尔，锋线上有金球奖获得者迈克尔·欧文、天才少年鲁尼和“高佬”克劳奇。

如果单从阵容来看，英格兰队绝对是夺冠大热门，不过现实很残酷，群星云集的英格兰队在那届世界杯上竟然要靠着贝克汉姆的任意球拖着往前走。后来发现不单单是这一届英格兰队的问题，“高身价”“全明星”的英格兰队在之后的大赛中一直是乏善可陈，“英格兰队很强”已经成为足坛三大错觉之一。

不过这几年的英格兰队涌现出了足够多的年轻新星，它也成为唯一在近两届大赛（2018年世界杯、2020欧洲杯）中都打入四强的欧洲球队，期待今年的英格兰队能够让英格兰球迷真正地风光一次。

正坤

我对于英格兰队印象最深的一场比赛发生在2018年世界杯上，1/8决赛英格兰队对阵哥伦比亚队，那也是我第一次在现场观看英格兰队的比赛。在那场比赛之前，英格兰队给我的印象始终算不上一流强队，从2008年欧预赛出局到2014年世界杯小组赛出局，再到2016年欧洲杯耻辱性地被冰岛队淘汰，英格兰队在我最初看球的这些年里始终都没有在大赛中取得过好成绩。

2018年世界杯，英格兰队在小组赛当中排名第二，由于抽签的优势，英格兰队在1/8决赛并没有碰上传统强队，挡在它面前的是哥伦比亚队。在赛前我跟很多媒体朋友聊天，他们不觉得英格兰队可以轻松取胜，甚至认为两支球队势均力敌，当时的英格兰队确实很难给人以太多信心。

不过随着比赛进程的推进，英格兰队似乎展现出了不一样的东西，球员踢得非常强硬，索斯盖特成功地将他的思路融入了这支“三狮军团”。

下半场哈里·凯恩的点球帮助英格兰队先拔头筹，虽然在最后的伤停补时阶段被对手扳平了比分，但是这支年轻的“三狮军团”在加时赛里依旧展现出了韧劲。

比赛最终被拖到了点球大战，索斯盖特曾经在点球位置留下过永远难以弥补的遗憾，但这一次他的弟子顶住压力，随着埃里克·戴尔一锤定音，英格兰队淘汰哥伦比亚队晋级八强。

也正是从这场比赛开始，我对英格兰队的看法产生了改变，2020欧洲杯英格兰队的发挥更进一步印证了我的看法，而最终的“破茧成蝶”，说不定就会出现在卡塔尔世界杯上。

IR Iran
伊朗队

全称：伊朗国家男子足球队
绰号：波斯铁骑
荣誉：1968、1972、1976年亚洲杯冠军
队史最佳阵：5-3-2
门将：赫加齐
后卫：埃斯坎达里安、雷扎伊、哈克普尔、扎林切赫、马达维基亚
中场：卡里米、帕尔文、巴盖里
前锋：阿里·代伊、阿齐齐

球队身价：7300万欧元
世界排名：22
出线概率：18.8%
夺冠概率：0.60%
现任教练：卡洛斯·奎罗斯
现任队长：伊赫桑·哈伊萨菲
球队核心：梅赫迪·塔雷米
第一射手：萨达尔·阿兹蒙
聚焦新星：阿拉亚尔·萨亚德马内什

出线之路

世界杯亚洲区预选赛大致分为四十强赛和十二强赛两大阶段。伊朗队在四十强赛阶段一度面临危险，在第3轮和第4轮接连输给巴林队和伊拉克队之后，只排在小组第三位，不过到了第二循环却收获四连胜成功晋级十二强赛。在十二强赛，伊朗队反倒没有遇到太大的问题，通过10场比赛以8胜1平1负的战绩轻松地以组内第一的身份进入世界杯。不过在与本组唯一强队韩国队的两场比赛中，伊朗队1平1负未尝胜绩。

征战历史

首次参赛年份：1978年
晋级世界杯次数：6次（1978、1998、2006、2014、2018、2022年）
最好成绩：参赛6届，全部在小组赛阶段被淘汰，最好成绩是2018年世界杯小组赛，1胜1平1负积4分，以1分之差无缘晋级

预计首发

战术打法

伊朗队主打的是“442”的阵形，虽然伊朗队在2022年9月完成了换帅，但是卡洛斯·奎罗斯应该不会对德拉甘·斯科契奇的体系做太多调整。在中场的两个后腰负责拦截，在进攻端依靠两个边路球员的个人能力以及两大中锋的包抄得分。在面对强敌时，伊朗队的打法会更倾向于防守反击，除了两名前锋以外，其他球员都会更加顾及防守，而一旦有反击机会，就会第一时间把球传给两名前锋，靠他们的个人能力解决问题。

在世预赛期间，由于两大中锋受到伤病影响无法同时登场，因此斯科契奇也变阵过“433”。这套阵形在中场的控制力以及防守的硬度上会比“442”更出色一些。因此在世界杯上，一旦伊朗队取得了比分上的领先，斯科契奇就有可能选择变阵，撤下一个中锋，增加一个中场，将“442”变为“433”，用稳固防守将优势保持到最后。

名单解析

门将

主力门将在世预赛期间出现了更迭，阿米尔·阿比德扎德在十二强赛后期成为首发。曾经的主力门将阿里礼萨·贝兰万德在俱乐部踢不上球确实影响很大，但进入名单当个第二门将还是没有问题。

十二强赛上多次征召的帕亚姆·尼亚兹曼德大概率作为第三门将使用，在2022年3月被征召的侯赛因·侯赛尼也有希望争夺第三门将的位置。

备选：穆哈默德·阿赫巴里

后卫

在中卫方面，主力左中卫是舒贾·哈利扎德，身高不高的他主要负责回追以及补位，而且还可以打右后卫。右中卫是侯赛因·卡纳尼，相对来说卡纳尼需要承担更多的防空任务。

中卫的第一替补是马吉德·侯赛尼，虽然他在2018年世界杯是主力，但现在已经沦为替补。此外，主力左后卫奥米德·努拉夫坎也可以打中卫以备不时之需。他的助攻能力还是相当出色的，甚至还可以打后腰。替补左后卫是米拉德·穆罕穆迪，延续了2018年世界杯的替补角色。队长伊赫桑·哈伊萨菲虽然现在更多是踢中场，但也还是能踢左后卫的。而且主力的左前卫瓦希德·阿米里也能回撤来打左后卫。

右后卫主力是萨迪克·穆哈拉米，虽然在俱乐部打不上首发，但在伊朗队他的位置很稳固。替补的选择是萨利赫·哈尔达尼，十二强赛第一场他替补上场后的出色表现给斯科契奇留下了很好的印象。

备选：莫尔塔扎·普拉利甘吉、阿里夫·戈拉米、西亚瓦什·亚兹达尼、阿里夫·阿加西、法尔沙德·法拉吉、贾法尔·萨勒马尼、达尼亚尔·伊斯梅利法

中场

在后腰组合中，赛义德·埃扎托拉希会主要承担防守的职责，变阵“433”时他也是居中拖后的人选。与他搭档的是艾哈迈德·努罗拉希，在中场他会更多地组织进攻与前插接应。主要轮换球员是萨曼·古多斯，他是一个纯粹的进攻型中场；另一个轮换人选是米拉德·萨尔拉克，他更偏向防守。

主力左前卫是瓦希德·阿米里，左后卫和中前卫他也都能打。阿里礼萨·贾汉巴赫什通常情况下是右边前卫的第一人选，但如果阿米里去踢别的位置的话，贾汉巴赫什就会来到左边。如果贾汉巴赫什去左边，那右侧就会派上阿里·戈利扎德，在右路的左脚内切是他最为突出的特点。

参加了2018年世界杯的梅赫迪·托拉比是左边的替补，小将阿拉亚尔·萨亚德马内什可以胜任中锋和边锋，这两人也都有希

望进入名单。

备选：卡迈勒·卡米亚比尼亚、梅赫迪·马赫迪普尔、阿米尔侯赛因·侯赛因扎德、苏鲁什·拉菲耶、祖贝尔·尼克纳夫斯、穆罕默德·卡里米、亚辛·萨勒马尼

前锋

中锋组合就是两大球星，踢边锋出身的梅赫迪·塔雷米不仅可以凭借出色的身高起到支点作用，在反击当中的拿球和速度也相当不错。萨达尔·阿兹蒙的中锋属性则更为突出。主要替补是卡里姆·安萨里法德，经验丰富的他能起到高中锋的支点作用。

备选：梅赫迪·加耶迪、卡韦赫·礼萨伊、谢哈布·扎赫迪

近年战绩

2019年亚洲杯：四强

伊朗队与伊拉克队、越南队、也门队同组，小组赛伊朗队获得两连胜提前出线。淘汰赛接连击败阿曼队和中国队晋级四强，前5轮比赛未丢一球。半决赛伊朗队0：3不敌日本队，止步四强。

USA

美国队

全称：美国国家男子足球队
绰号：山姆大叔
荣誉：1991、2002、2005、2007、2013、2017、2021年金杯赛冠军
队史最佳阵：4-4-2
门将：蒂姆·霍华德
后卫：博卡内格拉、拉拉斯、奥涅乌、德斯特
中场：普利西奇、克劳迪奥·雷纳、迈克尔·布拉德利、邓普西
前锋：多诺万、麦克布莱德

球队身价：2.12亿欧元
世界排名：14
出线概率：46.2%
夺冠概率：0.48%
现任教练：格雷格·伯哈尔特
现任队长：克里斯蒂安·普利西奇
球队核心：克里斯蒂安·普利西奇
第一射手：克里斯蒂安·普利西奇
聚焦新星：乔瓦尼·雷纳

出线之路

按照世界杯中北美洲及加勒比海地区（以下简称中北美区）预选赛规则，世界排名在中北美区前五的球队可以直接参加最后阶段的比赛，因此美国队直接晋级到由8支球队参加的最后阶段。在加拿大队近些年实力大增之后，美国队的出线难度相较往年有所增加。美国队在14场预选赛中输掉了3个客场，不过在主场比赛保持不败，最后以净胜球优势惊险地压过哥斯达黎加队，拿下中北美区预选赛第三名，直接晋级世界杯。

征战历史

首次参赛年份：1930年
晋级世界杯次数：11次（1930、1934、1950、1990、1994、1998、2002、2006、2010、2014、2022年）
最好成绩：季军（1930年）

预计首发

战术打法

美国队的战术打法在世预赛当中还是比较固定的，“433”一直是美国队主帅格雷格·伯哈尔特坚持的阵形。但在中场方面，伯哈尔特并没有采用三个纯正的中前卫，兼具边锋属性的尤努斯·穆萨被放到中场来加强推进能力。两个边锋采用的也都是内收的踢法，克里斯蒂安·普利西奇和乔瓦尼·雷纳都具备踢前腰的能力，两人在进攻当中都可以收到中路来进行组织和串联，将边路走廊留给边后卫插上，在美国队的进攻当中，两个边后卫的插上进攻幅度会很大，所以首发选择的也都是进攻属性更强的边后卫。

在世预赛一些需要防守的时刻，美国队也打过三中卫的阵形，不过这并不是伯哈尔特主要的打法，加强中场的控制来压制对手是美国队更希望采取的思路。因此，在某些打不开局面的情况下，伯哈尔特也会采取让普利西奇踢前腰，然后再多上一个边路攻击手的“4231”阵形，以增强进攻端的进球能力。

名单解析

门将

主力门将极有可能选择马特·特纳，因为在世预赛中他出场的次数最多。扎克·斯特芬在世预赛登场少主要还是因为在曼城没有进入比赛状态，但作为第二门将进入名单没有太大问题。第三门将应该会选择肖恩·约翰逊，但在世预赛中同样进入比赛名单的伊桑·霍瓦特也有希望去竞争。

后卫

在中后卫方面，迈尔斯·罗宾逊担任主力的可能性最大，左右中卫他都可以胜任，综合能力是最突出的。更有可能与他搭档的是克里斯·理查兹，他的脚下技术不错，能承担出球的职责。当然沃克·齐默尔曼在世预赛也经常打主力，高大的他在防空和正面拦截方面比较出色。第四中卫应该会选择2022年伤愈回归的阿龙·朗，而世预赛前期征召较多的马克·麦肯齐已经逐渐被弃用。

主力左后卫是安东尼·罗宾逊，他是进攻属性非常强的边后卫，世预赛有进球有助攻。替补是小将乔治·贝洛，但伯哈尔特对他并不信任，这主要还是因为主力右后卫塞尔希尼奥·德斯特也可以打左后卫。位置在右后卫时，德斯特可以与身前的乔瓦尼·雷纳进行配合，其进攻端的能力也可以很好展现。替补右后卫是德安德烈·耶德林，他也是2014年世界杯阵容中仅有的现在还能获得稳定位置的球员。

备选：卡梅隆·卡特-维克斯、约翰·布鲁克斯、蒂姆·里姆、埃里克·帕尔默-布朗、萨姆·瓦因斯、雷吉·坎农、沙克·穆尔、乔·斯卡利

中场

泰勒·亚当斯是三中场里居中的人选，他在阵形中会拖得比较靠后。左侧的是韦斯顿·麦肯尼，他会有更多的前插参与进攻。右侧是尤努斯·穆萨，虽然在俱乐部踢边锋，但在美国队他被固定在了中场的位置上，这是为了更好地发挥他的带球推进能力。

中场最重要的替补是凯林·阿科斯塔，左中右都可以胜任。跑动非常积极的小将詹卢卡·布肖则是中场两侧主要的轮换球员。另外一个轮换的人选是卢卡·德拉托雷，他在中场有着比较强的拿球梳理能力。

备选：克里斯蒂安·罗尔丹、马利克·蒂尔曼、塞巴斯蒂安·列特赫特、詹姆斯·桑兹、杰克逊·尤伊尔

前锋

在边锋方面，主力左边锋是克里斯蒂安·普利西奇，他的内切能力是主教练很看重的。主力右边锋是乔瓦尼·雷纳，虽然因为伤病错过了多场世预赛，但只要他保持健康就能保证自己的主力位置，他的左右脚能

力几乎一样强，在右路既能下底也能内切。

在轮换方面，首先是布伦登·阿伦森，既能踢边锋也可以撤回去踢中场，能力非常全面。另一个主要替补就是蒂莫西·维阿，具有替补改变战局的爆点能力。此外，还征召过主打右路的保罗·阿里奥拉和主打左路的乔丹·莫里斯，两人针对边锋的替补席位还会展开激烈竞争。

主力中锋应该是小将里卡多·佩皮，但是他在来到德甲之后表现一般，可能会影响他在国家队的主力位置。替补是赫苏斯·费雷拉，一位技术型的中锋，个子不高，在拿球方面会更突出一些。

备选：贾西·扎尔德斯、乔丹·西巴切乌、哈吉·莱特、约什·萨金特、马修·霍普

近年战绩

2019年金杯赛：亚军

2019年金杯赛，美国队与巴拿马等三队同组，美国队在小组赛中打入11球，以三战全胜的傲人姿态出线。1/4决赛与半决赛，美国队分别取得1：0、3：1的胜利。决赛面对墨西哥队，以0：1落败，遗憾获得亚军。

2021年金杯赛：冠军

2021年金杯赛，美国队与加拿大等三队同组，它又一次以全胜的战绩小组出线。淘汰赛阶段，美国队依次绝杀牙买加队、卡塔尔队；决赛再次迎战上一届老对手墨西哥队，两队在90分钟内打成0：0，加时赛美国队再度依靠绝杀球1：0战胜墨西哥队，队史上第7次拿下金杯赛冠军。

Wales
威尔士队

全称：威尔士男子足球代表队
绰号：红龙军团
荣誉：2016年欧洲杯四强
队史最佳阵：3-4-3
门将：索夏尔
后卫：罗伯特·琼斯、梅雷迪斯、克里斯·科尔曼
中场：贝尔、斯皮德、拉姆塞、吉格斯
前锋：约翰·查尔斯、拉什、马克·休斯

球队身价：1.4亿欧元
世界排名：19
出线概率：44.1%
夺冠概率：0.41%
现任教练：罗伯特·佩奇
现任队长：加雷斯·贝尔
球队核心：加雷斯·贝尔
第一射手：加雷斯·贝尔
聚焦新星：布伦南·约翰逊

出线之路

威尔士队在世界杯欧洲区预选赛与两支2020欧洲杯八强球队——比利时队、捷克队分在了同一个小组，这个小组中比利时队明显实力更强，它以小组第一的身份直接晋级世界杯，而威尔士队以1分的优势压过捷克队获得了附加赛席位。在附加赛中，威尔士队接连淘汰两支2020欧洲杯十六强球队——奥地利队、乌克兰队，自1958年后再次杀入世界杯。

征战历史

首次参赛年份：1958年
晋级世界杯次数：2次（1958、2022年）
最好成绩：八强（1958年）

预计首发

战术打法

威尔士队在主帅罗伯特·佩奇的执教方针下，主打的还是在2020欧洲杯上被频繁使用的“343”阵形，整体来说，威尔士队的战术思路更倾向于防守反击。在后场稳固防守的同时，威尔士队依靠基弗·穆尔的高点进行反击，并借助丹尼尔·詹姆斯的冲击力形成威胁。而到了阵地战当中，加雷斯·贝尔起到吸引防守的作用，阿龙·拉姆塞的前插则是很重要的破局手段，这套战术从2016年欧洲杯到现在，一直是威尔士队所采用的主要进攻方式。

如果佩奇希望更着力于进攻或者防守的话，也会有变阵的选项。撤下一个前锋换上一个中场的“352”阵形也是威尔士队在世预赛当中经常采用的，这样的调整会让中场的拦截能力更为突出。如果需要加强进攻，威尔士队也采用过“442”双中锋的阵形，但这样有风险的阵形，不到危急时刻，佩奇一般是不会使用的。

名单解析

门将

主力门将是韦恩·亨尼西，他虽然在俱乐部踢不上主力，但凭借附加赛决赛的超神发挥，应该会在世界杯坐稳首发位置。第二门将是2020欧洲杯的主力丹尼·沃德，世预赛出现的低级失误让他失掉了首发位置。第三门将可能会是亚当·戴维斯，但他在俱乐部也并非主力。所以世预赛征召过的汤姆·金也有希望竞争第三门将，毕竟他是四名门将中唯一能在俱乐部稳定首发的。

后卫

三中卫当中，主力左中卫是本·戴维斯，他的出球和防守在威尔士队都是非常出众的，变阵四后卫时，也可以平移到左路踢左后卫。居中的中卫是乔·罗登，在防线上主要负责防空。主力右中卫是伊桑·安帕杜，后腰和中卫都能胜任的他会是三中卫里主要的出球者。

替补首先是克里斯·梅帕姆，居中和靠右的位置他都可以踢。此外，左边翼卫里斯·诺林顿·戴维斯可以内收打左中卫，右边翼卫克里斯·冈特可以内收打右中卫。所以佩奇并不一定会带纯正的第五中卫，如果要带的话，应该会选择在德乙联赛效力的詹姆斯·劳伦斯，他主要是轮换居中和靠左的位置。

备选：本·卡班戈、汤姆·洛克耶、布兰登·库珀、奥利弗·德纳姆

中场

主力左边翼卫是内科·威廉斯，逆足踢左边的他有一定的内切射门能力。替补是里斯·诺林顿·戴维斯，在热身赛中，他也尝试过内收打左中卫。此外，还有索尔巴·托马斯，他是一个除门将和中卫之外所有位置都能踢的多面手，在威尔士队主要是作为左边翼卫的轮换人选。主力右边翼卫是康纳·罗伯茨，他在右路的前插助攻幅度还是比较大的。替补可以选择克里斯·冈特，作为多面手的他，右翼卫、右中卫和左翼卫都能踢。

中前卫的组合，乔·艾伦会拖得深一些，在防守端需要承担更多的拦截工作。与他搭档的依旧是阿龙·拉姆塞，他的前插是威尔士队很重要的进攻套路。两个主要轮换球员都是可以在变阵“352”时首发的，首先是更偏防守型的乔·莫雷尔，如果想加强进攻则会选择哈里·威尔逊，他也可以踢右边锋。

与威尔逊作用比较类似的是乔纳森·威廉斯，中前卫和右边翼卫都能胜任。还有小将鲁宾·科尔威尔，他在中前场的位置很灵活，必要时甚至可以利用身高优势顶到中锋的位置上。

备选：韦斯·伯恩斯、马修·史密斯、迪

兰·莱维特、约什·希恩

前锋

在边锋方面，主力左边锋是丹尼尔·詹姆斯，他的速度是反击当中很重要的破局利器。右边锋是加雷斯·贝尔，他的得分能力依旧是威尔士队内最突出的，而且现在经常会回撤中场帮助串联梳理。替补可以选择布伦南·约翰逊，他主要是踢左边，有着不错的个人拿球能力。

主力中锋是基弗·穆尔，他身高优势突出，也有着很强的支点能力和头球能力。替补的人选是泰勒·罗伯茨，他并不只是一个纯中锋，而是在中前场有比较大的活动范围。

备选：拉比·马通多、本·伍德伯恩、马克·哈里斯

近年战绩

2018—2019赛季欧国联：B级别联赛小组第二

威尔士队与丹麦队、爱尔兰队同组，威尔士队4战2胜2负，排名小组第二，无缘晋级到下一届A级别联赛。

2020欧洲杯：十六强

在2021年举办的欧洲杯上，威尔士队在小组赛中一路磕磕绊绊，3战1胜1平1负，以小组第二跻身淘汰赛。1/8决赛中，威尔士队面对丹麦队，被对手0：4横扫，贝尔与队友就此结束了2020欧洲杯的征程。

2020—2021赛季欧国联：B级别联赛小组第一

2020—2021赛季欧国联迎来扩军，威尔士队与芬兰、爱尔兰、保加利亚三队同组。欧洲“红龙”6战5胜1负，打入7球仅丢1球，高居B级别联赛小组头名，顺利晋升到下一届欧国联A级别联赛。

C组

群『鹰』荟萃谁能飞，
一代天骄盼通途

阿根廷　沙特阿拉伯　墨西哥　波兰

详细赛程

第1轮

开球时间	交战双方	比赛场地	观赛指数	进球展望
11月22日 18：00	阿根廷队 VS 沙特阿拉伯队	卢塞尔球场	★★★★	≥3
11月23日 00：00	墨西哥队 VS 波兰队	974球场	★★★	≥2

第2轮

开球时间	交战双方	比赛场地	观赛指数	进球展望
11月26日 21：00	波兰队 VS 沙特阿拉伯队	教育城球场	★★	≤2
11月27日 03：00	阿根廷队 VS 墨西哥队	卢塞尔球场	★★★★★	≤2

第3轮

开球时间	交战双方	比赛场地	观赛指数	进球展望
12月1日 03：00	波兰队 VS 阿根廷队	974球场	★★★★	≥3
12月1日 03：00	沙特阿拉伯队 VS 墨西哥队	卢塞尔球场	★★★	≥3

红牌概率	点球概率	冷门指数	比分预测	球迷预测
10%	54%	★	3 : 0; 4 : 0	□:□; □:□
40%	36%	★★	2 : 1; 1 : 1	□:□; □:□

红牌概率	点球概率	冷门指数	比分预测	球迷预测
30%	70%	★	2 : 0; 1 : 0	□:□; □:□
15%	28%	★★★★	1 : 1; 1 : 0	□:□; □:□

红牌概率	点球概率	冷门指数	比分预测	球迷预测
25%	20%	★	0 : 3; 1 : 3	□:□; □:□
55%	85%	★	0 : 3; 0 : 4	□:□; □:□

焦点短评

阿根廷队VS沙特阿拉伯队

一般情况下，在选择每组焦点战时，我们都会避开强弱分明的对决，但是在C组中我依然选择了阿根廷队与沙特阿拉伯队。这两队的实力相差悬殊，理由有二：其一是因为比赛时间，这场比赛将会在世界杯第二个比赛日的北京时间18:00进行，考虑到阿根廷队和梅西的人气，这将会成为世界杯的爆点话题；其二是因为中国队在十二强赛阶段曾经与沙特阿拉伯队同处一组，也见证了沙特阿拉伯队在亚洲区的统治力，当沙特阿拉伯队在坐拥半个主场之利的情况下对上阿根廷队会是什么样的场景呢？另外值得关注一下梅西的状态，阿根廷队的世界杯首场比赛碰上一个较弱的对手确实是一个不错的安排，不知梅西能否带领阿根廷队在这一届世界杯里打响开门红。

波兰队VS阿根廷队

2021年，梅西击败莱万多夫斯基夺得金球奖，这一年的金球奖评选本来没有什么争议，梅西、坎特、莱万多夫斯基、若日尼奥等球员的表现各有亮点，选谁都有道理。但因为前一年金球奖取消，莱万多夫斯基丢掉了一个原本应该属于他的金球，导致在2021年金球奖评选结束后，很多人把对莱万多夫斯基的同情化作对梅西得奖的不满，这也让我们更加期待这两人在世界杯赛场上的相遇。

两队上一次交锋，波兰队2：1战胜阿根廷队，此番对阵，波兰队具备一定的心理优势。不过从两队目前的实力上看，阿根廷队自然更胜一筹，球队获得2021年美洲杯冠军后，对世界杯也寄予了厚望，士气自然高涨。

本组之星

利昂内尔·梅西

出生年月：1987年6月24日

本组之星？他和C罗是本届世界杯最耀眼的两大巨星。伟大的梅西在近两个赛季几乎把全部的精力放在了国家队当中，去年他刚刚拿到了职业生涯中的第一座成年国家队冠军奖杯，今年如果能够如愿夺魁，他将正式加冕“球王”。2014年世界杯，梅西与冠军奖杯擦肩而过的那一幕，已经成为经典瞬间。如今又是一届征程，梅西将带给我们怎样的表演，让我们拭目以待。

作者视角

正坤

这个小组的局势相对来说还是比较明朗的，阿根廷队确实抽到了一支好签，在本小组中它的实力毫无疑问是比另外三支球队要高出一个档次的。而且从后续淘汰赛的走势来看，如果阿根廷队能以小组第一出线，或许它能走得更远。因此阿根廷队在小组赛肯定不会掉以轻心，拿到第一、顺利出线的概率是非常大的。

墨西哥队虽然是本小组的二档球队，但近几年的实力下滑得比较严重，所以在本届世界杯，它连续从小组出线的纪录有被终结的风险，但考虑到另外两支球队也各有各的问题，因此相对来说我还是更看好墨西哥队可以出线。波兰队在2022年换帅之后始终没有找到一个固定的打法，这对于球队来说是非常不利的；沙特阿拉伯队则是受制于整体实力有限，也很难在本小组中掀起什么波澜。我认为这两支球队参加完小组赛就打道回府的可能性还是要高一些。

鑫淼

阿根廷队在几个位置上还是存在一定的硬伤，如何能够让自己的优势最大化，并且减少失误的次数将会非常重要，否则可能会像上届小组赛一样被克罗地亚队轻松击败，还好它在小组赛中的三个对手实力不强。

墨西哥队从1994年世界杯开始连续7届世界杯都能够从小组出线，而且能准确地止步十六强，本届世界杯它能不能延续这一神奇纪录？从近些年的成绩来看，墨西哥队的状态没有那么出色，但是对纪录总该有些敬畏之心，本小组除了阿根廷队之外，我最看好的还是墨西哥队。

波兰队虽然纸面实力不俗，但它最大的问题还是在大赛里面很难找到稳定的状态。沙特阿拉伯队虽然球员都效力于本国联赛，但是我们通过世俱杯、亚冠、十二强赛能够看到这批球员的天赋，如果不能改掉自己容易崩盘的问题，前三次参加世界杯狼狈出局的悲剧可能会再度上演。

罗伯特·莱万多夫斯基

出生年月：1988年8月21日

与梅西一样，莱万多夫斯基是能够打破盖德·穆勒纪录的传奇式球员，近3个赛季，仅算德甲联赛，他的进球加起来都有110个，近几年他与本泽马是这个世界上最好的两位中锋球员。莱万多夫斯基的历史地位已经可以与亨利、舍甫琴科等传奇式人物并列，但是想要真正青史留名，国家队成绩不能变成短板。因此对于莱万多夫斯基来说，本届世界杯是一次证明自己的机会，大概率也是他的最后一次世界杯征程。

Argentina
阿根廷队

全称：阿根廷国家男子足球队
绰号：潘帕斯雄鹰
荣誉：1978、1986年世界杯冠军
1921、1925、1927、1929、1937、1941、1945、1946、1947、1955、1957、1959、1991、1993、2021年美洲杯冠军
队史最佳阵：4-3-3
门将：阿马德奥·卡里索
后卫：萨内蒂、帕萨雷拉、萨穆埃尔、西尔维奥·马尔佐里尼
中场：雷东多、迭戈·马拉多纳、奥西·阿尔迪勒斯
前锋：利昂内尔·梅西、巴蒂斯图塔、肯佩斯

球队身价：6.17亿欧元
世界排名：3
出线概率：88%
夺冠概率：6.45%
现任教练：利昂内尔·斯卡洛尼
现任队长：利昂内尔·梅西
球队核心：利昂内尔·梅西
第一射手：利昂内尔·梅西
聚焦新星：劳塔罗·马丁内斯

出线之路

阿根廷队的出线之路没有遇到太多的意外，在第一循环的9场比赛中，虽然与巴西队的比赛由于场外原因被迫取消，但是其他的8场比赛阿根廷队取得了5胜3平的成绩，积累了18个积分，距离出线只有一步之遥。第二循环的9场比赛，阿根廷队再一次取得了不败的战绩，与巴西队的焦点比赛则是以0：0收场。最终阿根廷队收获11胜6平的战绩，成功进军世界杯决赛圈。

征战历史

首次参赛年份：1930年
晋级世界杯次数：18次（1930、1934、1958、1962、1966、1974、1978、1982、1986、1990、1994、1998、2002、2006、2010、2014、2018、2022年）
最好成绩：冠军（1978、1986年）

预计首发

阵形：4-2-3-1
主帅：利昂内尔·斯卡洛尼
乔瓦尼·洛塞尔索
劳塔罗·马丁内斯
利昂内尔·梅西
马科斯·阿库尼亚
莱安德罗·帕雷德斯
安赫尔·迪马利亚
尼古拉斯·奥塔门迪
罗德里戈·德保罗
克里斯蒂安·罗梅罗
埃米利亚诺·马丁内斯
纳韦尔·莫利纳

阵形：4-3-3
主帅：利昂内尔·斯卡洛尼
安赫尔·迪马利亚
乔瓦尼·洛塞尔索
劳塔罗·马丁内斯
马科斯·阿库尼亚
莱安德罗·帕雷德斯
利昂内尔·梅西
尼古拉斯·奥塔门迪
罗德里戈·德保罗
克里斯蒂安·罗梅罗
埃米利亚诺·马丁内斯
纳韦尔·莫利纳

战术打法

阿根廷队在利昂内尔·斯卡洛尼上任之后的打法还是比较固定的，一直打的是四后卫阵形，但面对不同的对手时，会在“433”和“4231”之间切换。相同的11名球员，通过站位的改变就可以改变阵形，以实现主教练的战术意图。阿根廷队在世预赛还是“4231”阵形打得多一些，乔瓦尼·洛塞尔索的位置比较靠前，安赫尔·迪马利亚到右路，形成一左一右两个边前卫，然后利昂内尔·梅西站在前腰的位置上。

如果要变阵“433”，就要把洛塞尔索的位置后撤，然后迪马利亚站到左路，梅西来到右边打边锋。这套阵形下三名中前卫可以更好地控制中场，但同时也会让边路的防守力量变得薄弱。但无论是采用哪一种阵形，阿根廷队的进攻肯定都会围绕梅西来发起，斯卡洛尼保证了梅西的绝对核心地位，他会参与从进攻发起到门前终结的所有环节。从2021年美洲杯到2022年欧美冠军杯，阿根廷队的优异表现也证明了在合适的战术打法下，梅西依旧能在场上起到决定性作用。

名单解析

门将

主力门将是埃米利亚诺·马丁内斯，自从2021年美洲杯获得主力位置以来，他的发挥一直非常稳定，在世预赛中也多次奉献神扑，包括扑出对手的点球。第二门将是参加了2018年世界杯的老将佛朗哥·阿尔玛尼，利昂内尔·斯卡洛尼对他青睐有加，再加上阿尔玛尼来自国内联赛这一特殊优势，进入名单应该没有什么问题。第三门将还存在争夺，2021年美洲杯随队夺冠的胡安·穆索此前被征召得更多，这几年在意甲的发挥也很稳定。但赫罗尼莫·鲁利凭借着2021—2022赛季的出色表现，也很有可能挤掉穆索，获得一个参加世界杯的机会。

备选：埃斯特班·安德拉达

后卫

在中后卫方面，老将尼古拉斯·奥塔门迪是首发的左中卫，踢过两届世界杯的他是阿根廷队整条后防线经验最丰富的球员。从2021年美洲杯的表现来说，奥塔门迪的防守确实随着经验的增长稳健了许多。与他搭档的右中卫是克里斯蒂安·罗梅罗，在中卫组合中他主要负责上抢、插上出球，同时也会更多地参与到进攻中。

中卫的第一替补是赫尔曼·佩塞利亚，

在2019年美洲杯中他和奥塔门迪是主力组合，由于罗梅罗的出现，佩塞利亚现在只能在替补席上待命。第四中卫的人选还存在争夺，目前领先的人选是利桑德罗·马丁内斯，虽然他只有1.75米的身高，但防守意识和出球方面都非常出色，并且还能打后腰。此前世预赛也打过主力的卢卡斯·马丁内斯·夸尔塔因此存在落选的可能性。

左后卫的人选和2018年世界杯相似，但主力人选应该会是马科斯·阿库尼亚，从2021年美洲杯开始，他成为这个位置的首选，需要加强防守的时候还可以被推上去打左边锋。替补是尼古拉斯·塔利亚菲科，由于在俱乐部沦为替补，塔利亚菲科在国家队也只能坐板凳了。

主力右后卫是纳韦尔·莫利纳，虽然在2021年6月才第一次被征召，但他很快就用表现征服了斯卡洛尼，出色的助攻能力是他坐稳主力位置的关键。替补是贡萨洛·蒙铁尔，在2021年美洲杯之后他丢掉了主力位置，主要还是因为在俱乐部出场机会太少，且受到了伤病的困扰，不过从防守硬度上来讲，相比莫利纳，他更出色一些。右后卫方面还可以选择胡安·福伊特，作为多面手的他也具备踢中卫和后腰的能力。

备选：法昆多·梅迪纳、内乌恩·佩雷斯、马科斯·塞内西

后腰

在双后腰主力的组合中，承担更多防守职责的是莱安德罗·帕雷德斯，他的拦截和抢断能力让他成为阿根廷队最重要的中场屏障，变阵“433”之后他也是踢居中拖后的位置。与他搭档的是罗德里戈·德保罗，德保罗会更多地前插参与进攻，尤其是变阵“433”踢右中场的时候。后腰两个常备的替补，首先是吉多·罗德里格斯，防守不错的他主要是作为帕雷德斯的替补；另外一个替补后腰是埃克塞奎尔·帕拉西奥斯，他在场上会有比较大的活动范围，主要轮换的是德保罗。

此外，后腰的位置还征召过尼古拉斯·多明格斯，他踢过后腰，也踢过左前卫，但考虑到洛塞尔索、利桑德罗·马丁内斯等人也都可以踢后腰，因此多明格斯的顺位相对来说还是比较靠后的。

前卫

在前腰方面，利昂内尔·梅西肯定是主力的第一人选。作为阿根廷队的进攻核心，梅西一直是阿根廷队的进攻发起点，因此他的发挥会对阿根廷队的表现起决定性的作用。当然如果变阵“433”，梅西会打回右边锋的位置，这样的阵形下他会有更多的机会在边路单兵突破。而保罗·迪巴拉会继续坐在替补席上待命，但考虑到梅西基本不会被换下，洛塞尔索和戈麦斯在世预赛中也都代替梅西踢过前腰，所以在前腰这个位置上，迪巴拉确实机会比较有限，他甚至替补上场打过中锋。

然后来看两个边路，左边是乔瓦尼·洛塞尔索，他毕竟是踢中路出身的球员，因此

踢边路时会更多地内收，把边路走廊留给阿库尼亚。需要轮换时，斯卡洛尼经常会把他放回中路踢前腰的位置，变阵“433”时，会让他踢左中场。右边的主力人选还是安赫尔·迪马利亚，他的盘带突破以及射门能力对球队仍然很关键，而变阵“433”时迪马利亚则会来到左边，把右边锋的位置留给梅西。

边路的轮换人选首先是尼古拉斯·冈萨雷斯，他主要还是出现在左路，踢“433”时也有取代迪马利亚首发的可能。还有一个就是亚历杭德罗·戈麦斯，作为多面手的他，在世预赛里左右两个边路以及前腰、后腰都踢过，变阵“433”时也能踢两侧的中场。

备选：亚历克西斯·麦卡利斯特、埃米利亚诺·布恩迪亚、曼努埃尔·兰齐尼、马克西米利亚诺·梅萨、卢卡斯·奥坎波斯、安赫尔·科雷亚

前锋

主力中锋肯定是劳塔罗·马丁内斯，只要他身体健康，没人能抢走他的主力位置，他在世预赛中的进球效率也不错，很好地分担了梅西的压力。在替补方面，从阿根廷队在世预赛的排兵布阵来看，华金·科雷亚是第一替补，边锋和中锋他都可以胜任，而且比起其他前锋，他的身高也有一定优势。

备选：卢卡斯·博耶、卢卡斯·阿拉里奥、胡利安·阿尔瓦雷斯

近年战绩

2019年美洲杯：四强

小组赛阶段，阿根廷队表现不佳，第1轮0：2不敌哥伦比亚队，第2轮1：1战平了巴拉圭队，仅靠着第3轮2：0战胜被邀请参赛的卡塔尔队，才艰难地从小组出线，进入八强。1/4决赛，阿根廷队2：0击败了委内瑞拉队，半决赛碰上巴西队，最终阿根廷队以0：2被巴西队挡在决赛门外。

2021年美洲杯：冠军

自从2019年美洲杯半决赛输给巴西队之后，阿根廷队再也没有输过球，包括2021年美洲杯。2021年美洲杯，参赛的10支球队被分为两个小组，每组5支球队的前4名就能够晋级八强。阿根廷队在小组赛阶段3胜1平，以小组第一的身份晋级八强；随后以3：0大胜厄瓜多尔队晋级四强；半决赛时将比赛延续到了点球大战，最终惊险击败哥伦比亚队晋级决赛；决赛凭借迪马利亚的进球1：0击败巴西队，自1993年之后再次夺得大赛冠军。

鑫淼

阿根廷是一个盛产超级巨星的国度，在足坛历史地位稳居前十的球星里，有迪·斯蒂法诺、马拉多纳、梅西三名球员来自阿根廷，无论是哪个时代的球迷，都或多或少地经历过阿根廷队的超级巨星时代。

对于我来说，这三人也好比是三盏明灯，关于我与阿根廷足球的情缘，我也想围绕这三盏灯来说。第一盏灯是梅西，从梅西踏入职业足坛开始，我就成了梅西职业生涯的见证者。他在巴萨的首秀赛季时，我已经开始关注西甲，他在2005年荷兰世青赛的优秀发挥我也全程关注，后续震古烁今的事迹就不再多说，我希望他能够在2022年世界杯完美收官。

第二盏灯是马拉多纳。我没有经历过马拉多纳的年代，我通过观看各种录像去了解他，就在写这段文字之前，由于撰写另一本世界杯书籍需要去看大量的比赛录像，所以我刚刚看完了马拉多纳在1986年世界杯的比赛，也能够更加理解为什么马拉多纳之于老一代的球迷，会是图腾一般的存在。

第三盏灯是迪·斯蒂法诺。如果你开始了解足球历史，那么一定会像我一样，首先聚焦在二战后第一位真正的“球王”迪·斯蒂法诺身上，在完美的俱乐部生涯之外，他曲折的人生经历，包括改换国籍后冲击世界杯的故事，都能够让你对那个年代球员的无奈和时代对球员的影响有着更深刻的认识。

正坤

如果要问我哪支阿根廷队是我认为最强的那一支，我可能会选择2014年获得世界杯亚军的那支球队；但如果要问我印象最深的阿根廷队是哪一支，那我毫无疑问会选择2018年世界杯上那一支铩羽而归的球队。

2018年，我在俄罗斯几乎是零距离地观看了阿根廷队的训练和比赛，从阿根廷记者那里也了解到了阿根廷人眼中的阿根廷队跟我们眼中的阿根廷队有很多不一样的地方。

小组赛开赛前，阿根廷队并不被大众看好，主帅桑保利的选人也引发了很大争议，首战梅西罚丢点球，阿根廷队被新军冰岛队逼平的结果出乎了绝大多数人的预料。第二场小组赛开赛前，我来到阿根廷队的驻地采访，和来自阿根廷的记者讨论着第二场比赛。

而阿根廷记者给出的阿根廷队表现糟糕的原因完全出乎我的预料，在他看来，球队表现不佳的原因竟然是桑保利没有重用几位来自国内联赛的球员。来自国内联赛的球员往往会自带一层滤镜，让阿根廷国内的球迷和记者高看一些。

对于阿根廷队来讲，如果某届大赛的阵容当中没有一名来自阿根廷联赛的球员，可能在开赛之前，主帅就会因为选人而深陷舆论风波了，所以这也是为什么在现在这支阿根廷队中，阿尔玛尼这名来自国内联赛的门将，还会有那么稳定的位置。

Saudi Arabia

沙特阿拉伯队

全称：沙特阿拉伯国家男子足球队
绰号：西亚绿鹰
荣誉：1984、1988、1996年亚洲杯冠军
队史最佳阵：4-3-3
门将：代亚耶亚
后卫：贾瓦德、马达尼、努埃梅赫、贾哈尼
中场：阿明、努尔、图纳扬
前锋：奥维兰、阿卜杜拉、贾比尔

球队身价：2900万欧元
世界排名：53
出线概率：15.7%
夺冠概率：0.00%
现任教练：埃尔韦·勒纳尔
现任队长：萨勒曼·法拉吉
球队核心：萨勒曼·法拉吉
第一射手：萨利赫·谢赫里
聚焦新星：菲拉斯·布赖坎

出线之路

四十强赛阶段沙特阿拉伯队以6胜2平的不败战绩进入十二强赛，并且在四十强赛阶段双杀实力不俗的乌兹别克斯坦队，让对手无缘十二强赛。十二强赛阶段，沙特阿拉伯队与日本、澳大利亚两支强队分在了一组，10场比赛它取得了7胜2平1负的好成绩，力压日本队和澳大利亚队，以小组第一的身份直接晋级世界杯。

征战历史

首次参赛年份：1994年
晋级世界杯次数：6次（1994、1998、2002、2006、2018、2022年）
最好成绩：十六强（1994年）

预计首发

战术打法

沙特阿拉伯队在世预赛期间一直主打的是“4231”阵形，整体的战术打法和人员配置都非常固定。沙特阿拉伯队的队员有着不错的脚下技术，因此在亚洲赛场基本都能够主导控球权，面对日本队的时候也能对其形成压制，哪怕在友谊赛面对其他大洲的球队，沙特阿拉伯队在控球方面也不落下风。

但相对来说，沙特阿拉伯队缺乏在进攻端制造机会的能力，更多情况下控球优势无法带来更多的射门机会，所以到了世界杯的赛场上，沙特阿拉伯队也有可能减少无效控球的时间，在面对强敌时将阵形收得更靠后一些，然后利用锋线上个人能力还不错的队员进行反击。虽然此前沙特阿拉伯队很少尝试“4231”之外的阵形，但是埃尔韦·勒纳尔还是在需要加强防守时，变阵过三中卫、五后卫的体系，包括在需要强攻时试验过“442”的双中锋阵形。

名单解析

门将

主力门将是穆罕默德·奥韦斯，2019年亚洲杯以来他就一直是主力。第二门将是穆罕默德·亚米，在世预赛奥韦斯受伤期间就是由他打的主力，表现得很稳健。第三门将是法瓦兹·卡尔尼，十二强赛对阵中国队的低级失误让他的顺位被亚米超过了。如果这三人有谁受伤的话，阿明·布哈里是最有可能递补的人选。

备选：扎伊德·巴瓦迪、纳瓦夫·阿基迪

后卫

在中卫方面，主力左中卫是阿里·布赖希，他是中卫里唯一踢过2018年世界杯的，但防空弱点比较明显。主力右中卫是阿卜杜拉·阿姆里，他的补位和出球是优势。替补首先是阿卜杜拉·马杜，十二强赛前期他还是主力，但长期伤病让他失去了位置。第四中卫更有可能的人选是艾哈迈德·沙拉希利。考虑到马杜的情况，2022年使用较多的哈桑·坦巴克提也是可以竞争的。

主力左后卫是亚西尔·沙赫拉尼，他的进攻属性非常强，通常会顶得非常靠上。替补则会选择纳赛尔·达瓦萨里，他既能踢左后卫也能踢后腰。右后卫的主力是苏丹·甘纳姆，他有着不错的传中水准。2018年世界杯的主力右后卫穆罕默德·布赖克目前已经沦为替补。此外右后卫的人选还有多面手沙特·阿卜杜勒哈米德，他还能胜任左后卫和后腰。

备选：齐亚德·萨哈菲、穆罕默德·哈卜拉尼、阿里·乌贾米、穆塔卜·哈尔比、侯赛因·卡西姆

后腰

主力后腰首先是阿卜杜拉·马勒基，他会在更深的位置进行组织和串联。与他搭档的穆罕默德·卡努则会更多地前插参与进攻，甚至也可以踢前腰。2018年世界杯的主力阿卜杜拉·奥泰夫由于此前遭受重伤，应该只会作为轮换球员了。第四后腰是阿里·哈桑，他是一个比较纯粹的防守型后腰，需要加强防守时会使用他。

备选：阿卜杜拉·海巴里、阿里·阿斯马里

前卫

主力前腰是萨勒曼·法拉吉，作为核心，他在中场的串联组织对球队至关重要。替补是萨米·纳吉，这名攻击型中场可以胜任前腰、后腰、左边前卫、右边前卫。

然后来看边路，左边的主力人选是萨利姆·达瓦萨里，作为当家球星的他有着出色的脚下技术，在左路的内切是很重要的破局手段。右侧的主力人选是哈坦·巴赫卜里，他是一个既能踢前腰也能踢边锋的全能攻击手，也参加过2018年世界杯。在替补方

E组	西班牙	德国	日本	哥斯达黎加
F组	比利时	加拿大	摩洛哥	克罗地亚
G组	巴西	塞尔维亚	瑞士	喀麦隆
H组	葡萄牙	加纳	乌拉圭	韩国

冠 军 喝 彩

2022年卡塔尔世界杯观赛指南

会徽

会徽弯曲的弧线代表着起伏的沙丘，而连续的圆环既插绘了数字“8”，让人想起将举办比赛的8座令人惊叹的体育场，也象征着无限可能，反映了赛事相互关联的本质。除了与标志性的FIFA世界杯奖杯的形状相呼应，会徽的中心样式还从传统的羊毛披肩中获得灵感。在冬季，阿拉伯及海湾地区的人们会穿着各式各样的披肩。

吉祥物

名为“La'eeb”的卡通人物极具阿拉巴特色。“La'eeb”是一个阿拉伯单词，意思是“技术极为出色的球员”。FIFA官方介绍称，“La'eeb”从诗句中走出，充满活力，准备好为大家带来足球的快乐。

海报

这是世界杯首次发布系列海报，主海报描绘了抛向空中的传统头饰，象征着卡塔尔和阿拉伯地区对这一盛事的庆祝和球迷热情。七幅配套海报则充分展现了阿拉伯地区对足球的热情，以及足球所蕴含的家庭团聚这一特别意义。

开幕式嘉宾

本届世界杯的嘉宾阵容可谓豪华，卡塔尔足协将邀请多位国际巨星担任表演嘉宾，包括潮流天后Lady Gaga、瑞典国宝级合唱团ABBA、意大利盲人男高音歌唱家安德烈·波切利、空中铁匠乐队。

主题曲

Hayya Hayya (Better Together)是2022年卡塔尔世界杯的主题曲，美洲、非洲、中东，来自世界不同角落的声音汇聚于此，体现了音乐以及足球团结世界的力量。本次卡塔尔世界杯将原声音乐精选成集，来自全球各地的艺术家展示跨越世界的不同音乐流派，迎接卡塔尔世界杯这个全球盛典。

比赛用球

官方用球名为“Al Rihla”，“Al Rihla”在阿拉伯语中意为“旅程”。据悉此用球灵感来自卡塔尔的文化、建筑、标志性船只和国旗。足球的珠光表面采用活力醒目的配色和设计图案，带来更强的视觉冲击力，为全球从草根到专业的所有球员和球迷带来震撼的视觉效果。国际足联表示，“Al Rihla”在空中的飞行速度将是世界杯历史最快。

比赛城市

多哈是卡塔尔首都以及最大城市，近年已举办过许多大型国际体育赛事，包括2006年亚运会与2011年亚洲杯。多哈拥有的6座体育场将作为卡塔尔世界杯的比赛场地。

豪尔市位于卡塔尔东海岸，豪尔在阿拉伯语的意思是“海湾”。豪尔市的海湾体育场，将承办本届世界杯的揭幕战。

阿尔瓦克拉是卡塔尔持续有人居住的最大、最古老的城市之一，它建立于1828年，位于多哈的东南方向，距离多哈17千米。辖区内的贾努布球场将成为本届世界杯比赛场地。

面，左边的人选是速度非常快的阿卜杜勒拉赫曼·加里卜，但在2022年多次登场的哈立德·甘纳姆也很有竞争力。而右路的替补应该会选择阿卜杜勒阿齐兹·比希，他是一个冲击力很强的边路突击手。

备选：阿卜杜勒拉赫曼·奥布德、艾曼·叶海亚、穆罕默德·库韦基比

前锋

主力中锋是新星菲拉斯·布赖坎，他是一个很全能的前锋，反击速度也非常突出，所以很有可能在世界杯首发。而萨利赫·谢赫里的优点在于射术精湛、支点作用更突出，他和布赖坎会在面对不同类型的对手时轮换。此外，在中锋这个位置上还征召过技术不错的策应型中锋阿卜杜拉·哈姆丹。

备选：海赛姆·阿西里

近年战绩

2019年亚洲杯：十六强

沙特阿拉伯队作为小组第一档球队，与卡塔尔、黎巴嫩和朝鲜三队同组，它2胜1负以小组第二的成绩跻身淘汰赛。在1/8决赛中，沙特阿拉伯队0：1不敌日本队，最终止步十六强。

Mexico
墨西哥队

全称：墨西哥国家男子足球队
绰号：草帽军团、阿兹特克雄鹰
荣誉：1965、1971、1977年中北美洲及加勒比海地区锦标赛冠军
1993、1996、1998、2003、2009、2011、2015、2019年金杯赛冠军
1999年联合会杯冠军
队史最佳阵：4-3-3
门将：安东尼奥·卡瓦哈尔
后卫：拉蒙·拉米雷斯、克劳迪奥·苏亚雷斯、马克斯、古斯塔沃·佩尼亚
中场：布兰科、加林多、卡德纳斯
前锋：德拉富恩特、乌戈·桑切斯、萨尔瓦多·雷耶斯

球队身价：2.11亿欧元
世界排名：12
出线概率：48.6%
夺冠概率：1.37%
现任教练：赫拉尔多·马蒂诺
现任队长：安德烈斯·瓜尔达多
球队核心：希尔温·洛萨诺
第一射手：劳尔·希门尼斯
聚焦新星：卡洛斯·罗德里格斯

出线之路

墨西哥队凭借着FIFA世界排名的优势直接进入中北美区预选赛最后阶段。最后阶段的前6轮比赛墨西哥队未尝败绩，拿下了4胜2平的好成绩，不过在第7轮和第8轮却接连输给了美国队和加拿大队，好在球员及时调整状态，最终积分仅次于加拿大队，以中北美区预选赛第二的身份直接晋级世界杯正赛。

征战历史

首次参赛年份：1930年
晋级世界杯次数：17次（1930、1950、1954、1958、1962、1966、1970、1978、1986、1994、1998、2002、2006、2010、2014、2018、2022年）
最好成绩：八强（1970、1986年）

预计首发

战术打法

墨西哥队在赫拉尔多·马蒂诺的执教下主打的是“433”的阵形，强调提升控球率，在进攻端主要利用两个边路，墨西哥队的边锋都具备不错的单兵突破能力。但总体来说，在世预赛上墨西哥队的得分效率并不高，主力前锋劳尔·希门尼斯没有取得一个运动战进球。所以虽然有控球权的优势，但墨西哥队的比赛踢得并不轻松，进攻端的转化率是其需要提升的地方。

在墨西哥队的三名中场当中，卡洛斯·罗德里格斯会顶得比较靠上，在强调进攻端时会形成近似于“4231”的站位，埃克托·埃雷拉和埃德松·阿尔瓦雷斯会拖在后面形成近似双后腰的站位。而在防守的时候，三名中场又会退成一条平行线，埃德松·阿尔瓦雷斯居中，卡洛斯·罗德里格斯退到他的右侧，保证在中场线的防守宽度。

名单解析

门将

主力门将依旧是老将吉列尔莫·奥乔亚，但他的移动速度和反应能力确实不如年轻时那般出色了。第二门将是1982年出生的阿尔弗雷多·塔拉韦拉，此前两届世界杯他也都是替补。第三门将最有可能的人选是鲁道夫·科塔，但更年轻的卡洛斯·阿塞韦多也有希望进入大名单。

备选：霍纳坦·奥罗斯科

后卫

在中后卫方面，主力左中卫是内斯托尔·阿劳霍，在需要时他也可以胜任右中卫。可能与他搭档主力的是高大的塞萨尔·蒙特斯，他会在右中卫的位置上，而且会有更多的前插出球。替补是约翰·巴斯克斯，他主要是踢左中卫，世预赛后期在顺位上已经超过了老将埃克托·莫雷诺，但作为上届世界杯的主力，埃克托·莫雷诺凭经验还是有可能挤进名单的。替补中卫还有胡利奥·多明格斯，而且他还可以打右后卫的位置。

主力左后卫是赫拉尔多·阿特亚加，他在世预赛后期挤掉了赫苏斯·加利亚多。作为上届世界杯的主力左后卫，加利亚多现在应该只能是轮换球员。右后卫的主力是豪尔赫·桑切斯。而之前中卫位置的胡利奥·多明格斯也能打替补右后卫。

备选：赫苏斯·安古洛、伊斯雷尔·雷耶斯、奥斯瓦尔多·罗德里格斯、埃里克·阿吉雷、路易斯·罗德里格斯、胡利安·阿劳霍

中场

三中场的主力人选，居中的选择是埃德松·阿尔瓦雷斯，他的跑动和拦截能力都不错，2018年世界杯他打的是右后卫，现如今已经完全固定在中场的位置上了。在他左侧的是埃克托·埃雷拉，他在中场主要是起到承上启下的作用。卡洛斯·罗德里格斯是主力三中场中攻击属性最强的一个，他主要是出现在右侧，会更多地往肋部前插。

替补有两个人选比较确定，一个是队长安德烈斯·瓜尔达多，他上场的话肯定是打左中场；另一个主要轮换球员是路易斯·罗莫，中场居中和两侧的位置，他都可以胜任。此外，参加了上届世界杯的埃里克·古铁雷斯在2022年重新获得了上场机会，进入名单的希望也是比较大的。

备选：费尔南多·贝尔特兰、弗朗西斯科·科尔多瓦、路易斯·查韦斯、霍纳坦·多斯桑托斯

前锋

在边锋方面，主力左边锋是希尔温·洛萨诺，他的内切能力是非常突出的。右边锋的主力是赫苏斯·科罗纳，他有着非常细腻的脚下技术以及灵动的盘带。主要替补是亚历克西斯·维加，他的冲击力相当出色，

主要是踢左路。替补的竞争很激烈，稍稍领先的是主打右路的乌列尔·安图纳，但迭戈·莱内斯、奥尔韦林·皮内达等人也还有机会。

主力中锋是劳尔·希门尼斯，他有着不错的脚下技术，同时也具备当支点的能力。替补可以选择归化的罗赫略·富内斯·莫里，但他在世预赛的发挥确实一般，因此冲击力不错的亨利·马丁也能和他争一争。

备选：鲁道夫·皮萨罗、罗伯托·阿尔瓦拉多、圣地亚戈·希门尼斯

近年战绩

2019年金杯赛：冠军

2019年金杯赛，墨西哥队与加拿大队、马提尼克队、古巴队同组，“草帽军团”三战全胜，以小组头名出线；1/4决赛墨西哥队与哥斯达黎加队战至点球大战，5：4淘汰对手；半决赛1：0小胜海地队；决赛墨西哥队1：0击败美国队，第八次捧起金杯赛冠军奖杯。

2021年金杯赛：亚军

2021年金杯赛，墨西哥队的签运不错，被分到了一个对手实力较弱的小组，但首战却意外地战平了特立尼达和多巴哥队，不过最终还是以小组头名出线。淘汰赛阶段，墨西哥队先3：0大胜洪都拉斯队，再以2：1的比分淘汰加拿大队，顺利晋级决赛。决赛中，墨西哥队再次面对美国队，0：1败北，无缘卫冕。

Poland

波兰队

全称：波兰国家男子足球队
绰号：东欧白鹰
荣誉：1974、1982年世界杯季军
队史最佳阵：4-3-3
门将：托马斯泽夫斯基
后卫：安齐克、杰尔日・戈登、日穆达、希曼诺夫斯基
中场：博涅克、德伊纳、卡斯珀查克
前锋：卢班斯基、莱万多夫斯基、拉托

球队身价：3.02亿欧元
世界排名：26
出线概率：48.6%
夺冠概率：0.82%
现任教练：切斯瓦夫・米赫涅维奇
现任队长：罗伯特・莱万多夫斯基
球队核心：罗伯特・莱万多夫斯基
第一射手：罗伯特・莱万多夫斯基
聚焦新星：雅各布・莫德

出线之路

波兰队在世界杯欧洲区预选赛中与强大的英格兰队分在了同一个小组，同组还有实力不俗的阿尔巴尼亚队和匈牙利队，最终波兰队以小组第二的身份进入欧洲区预选赛附加赛。波兰队在附加赛半决赛的对手是俄罗斯队，由于场外原因，俄罗斯队被取消了资格，波兰队直接晋级决赛。决赛波兰队在主场对阵伊布率领的瑞典队，最终以2：0击败了对手，成功晋级世界杯正赛。

征战历史

首次参赛年份：1938年
晋级世界杯次数：9次（1938、1974、1978、1982、1986、2002、2006、2018、2022年）
最好成绩：季军（1974、1982年）

预计首发

战术打法

波兰队在2022年初进行了换帅，切斯瓦夫·米赫涅维奇改变了前任主帅保罗·索萨的三中卫打法。现在这支波兰队使用得更多的是四后卫阵形，阵形会在“442”和“4231”之间切换，主要看是使用单中锋还是双中锋。虽然波兰队有着很丰富的中锋储备，但是在一些面对强敌的比赛中，米赫涅维奇还是更倾向于使用罗伯特·莱万多夫斯基作为“单箭头”，然后增加中场的人数。

在保罗·索萨带队时期，波兰队一直主打的是“三中卫、五后卫”的体系，因此波兰队对这种体系非常熟悉，也具备在一些比赛中变阵回去的可能性，毕竟在波兰队阵中还是有很多非常适合踢边翼卫的球员，在三中卫、五后卫的体系里，他们可以发挥出更好的水准。所以在主帅米赫涅维奇上任不久，在带队场次不多的情况下，波兰队在世界杯上的打法可能是比较多变的。

名单解析

门将

主力门将是沃伊切赫·什琴斯尼，在乌卡什·法比安斯基退出国家队之后，已经没有人能与他竞争主力的位置了。而相应地，乌卡什·斯科鲁普斯基也晋升为第二门将。第三门将还存在争夺，本来顺位占优的是巴尔托洛梅伊·德龙戈夫斯基，但他在俱乐部已经失掉了主力位置，所以卡米尔·格拉巴拉已经成了更有可能的第三门将人选。

备选：拉多斯瓦夫·马耶茨基

后卫

在中卫方面，卡米尔·格利克依旧是主力的右中卫，而打三中卫的话，他会站在居中的位置上。主力左中卫是扬·贝德纳雷克，他的移动和补防相对格利克要更出色一些。在替补方面，首先是世预赛上登场次数较多的帕维乌·达维多维奇，只要他能从伤病中恢复，进入名单不会有什么问题。其余的人选如克雷斯蒂安·别利克既能踢中卫，也能踢后腰，拿球和出球是所有中卫里最出色的；托马什·肯齐奥拉则是中卫和右后卫都能胜任。

主力左后卫应该是蒂莫特乌什·普哈奇，他在新帅执教下机会较多。此前的主力马切伊·雷布斯可能要失去位置了，因为右后卫巴尔托什·贝雷申斯基可以代替他打左边，小将尼古拉·扎莱夫斯基的上升势头也很猛。主力右后卫是归化球员马蒂·卡什，他一到来就直接锁定了主力位置，巴尔托什·贝雷申斯基就只能打替补了。

备选：巴尔托什·萨拉蒙、马特乌什·维泰斯卡、米哈乌·海利克、马钦·卡明斯基、卡米尔·皮翁特科夫斯基、帕特雷克·库恩、卡米尔·佩斯特卡、阿尔卡迪乌什·雷察、罗伯特·古姆内

中场

在后腰组合中，格热戈日·克雷霍维亚克更偏向防守，与他搭档的雅各布·莫德则会承担更多进攻串联的工作。替补首先是亚采克·古拉尔斯基，他是防守型的轮换球员。另一名替补后腰可能会选择在2022年才首次进入国家队的希蒙·茹尔科夫斯基，当然国家队经验更丰富的马特乌什·克利赫也很有竞争力。

主力左前卫是塞巴斯蒂安·希曼斯基，在世预赛的附加赛中，他发挥得不错。右前卫是彼得·泽林斯基。这两名边前卫都兼具前腰属性，进攻中会更多地内收。在替补方面，如果想选择纯正的边路球员，有助攻能力不错的普热梅斯瓦夫·弗兰科夫斯基，还有在2022年收获国家队处子球的雅各布·卡明斯基，包括老将卡米尔·格罗西茨基，都有进入名单的可能。

备选：卡罗尔·利内蒂、达米安·希曼斯基、卡茨帕·科兹沃夫斯基、巴尔托什·斯利什、卡米尔·尤伊维亚克、普热梅斯瓦夫·普瓦赫塔

前锋

中锋组合，罗伯特·莱万多夫斯基在世预赛仍然展现了非常高的进球效率。最有可能与他搭档的还是阿尔卡迪乌什·米利克，他可以通过不错的拿球能力去分担莱万多夫斯基的组织压力。替补首先是克雷什托夫·皮扬特克，抢点射门是他的特点。剩下两名中锋在世预赛发挥得也都很不错，卡罗尔·希维德尔斯基和亚当·布克萨都有进入名单的可能。

近年战绩

2018—2019赛季欧国联：A级别小组第三

波兰队在首届欧国联比赛中难求一胜，它的同组对手是葡萄牙队与意大利队，小组赛仅取得2平2负的战绩，最终获得第三名，无缘晋级决赛。

2020欧洲杯：小组赛出局

2020欧洲杯，波兰队与瑞典、西班牙和斯洛伐克三队同组，小组赛1平2负，位列小组第四，惨遭淘汰。

2020—2021赛季欧国联：A级别小组第三

2020—2021赛季欧国联迎来扩军，因此上届欧国联结束后，本应该降级的波兰队继续留在A级别联赛，它与意大利、荷兰以及波黑三队同组，小组赛2胜1平3负，获得小组第三。

13
17
10

D组

谁能阻冠军之师，

谁能演美丽童话

法国　丹麦　突尼斯　澳大利亚

全景瞭望

详细赛程

第1轮

开球时间	交战双方	比赛场地	观赛指数	进球展望
11月22日 21 : 00	丹麦队 VS 突尼斯队	教育城球场	★★	≥2
11月23日 03 : 00	法国队 VS 澳大利亚队	贾努布球场	★★★★	≥2

第2轮

开球时间	交战双方	比赛场地	观赛指数	进球展望
11月26日 18 : 00	突尼斯队 VS 澳大利亚队	贾努布球场	★★	≤2
11月27日 00 : 00	法国队 VS 丹麦队	974球场	★★★★★	≤2

第3轮

开球时间	交战双方	比赛场地	观赛指数	进球展望
11月30日 23 : 00	澳大利亚队 VS 丹麦队	贾努布球场	★★	≥2
11月30日 23 : 00	突尼斯队 VS 法国队	教育城球场	★★★★	≥2

红牌概率	点球概率	冷门指数	比分预测	球迷预测
65%	39%	★★★	0 : 0; 1 : 1	□:□; □:□
9%	15%	★	2 : 0; 3 : 0	□:□; □:□

红牌概率	点球概率	冷门指数	比分预测	球迷预测
49%	45%	★★★	0 : 0; 1 : 0	□:□; □:□
15%	51%	★★★★	0 : 1; 1 : 1	□:□; □:□

红牌概率	点球概率	冷门指数	比分预测	球迷预测
28%	44%	★★	0 : 2; 1 : 2	□:□; □:□
69%	67%	★	0 : 2; 0 : 4	□:□; □:□

焦点短评

法国队VS澳大利亚队

一个众所周知的世界杯魔咒，进入21世纪，除了2006年世界杯的上届冠军巴西队从小组出线之外，4个上届冠军全部没有能够从小组中出线。这个魔咒开始于2002年的上届冠军法国队，它能否亲手把这个魔咒终结掉？

首战对阵澳大利亚队的比赛就非常关键，我们回头看无缘出线的上届冠军都有类似的情况，那就是小组赛首战就发挥欠佳导致之后有些手足无措，如果在对阵“袋鼠军团”的第一场比赛中法国队能稳住阵脚拿下胜利，那么它打破魔咒应该不是难事。上一届世界杯，法国队的首战对手也是澳大利亚队，最终它凭借着澳大利亚队的一记乌龙球才艰难获胜，所以小组赛首战，法国队千万不可以掉以轻心。

法国队VS丹麦队

两支球队在上届世界杯同样被分在一个小组中，上一届两支球队在小组赛末轮交手，两队联手奉献了一场可以载入世界杯史册的顶级无聊比赛。彼时法国队只要最后1轮战平丹麦队即可锁定小组第一，丹麦队只要打平就能锁定小组第二，最终双方打出了一场加起来只有4脚射正的比赛，以0：0的比分默契收场。

今年两队再度对决，肯定不会再出现类似场景，因为这场比赛将会在小组赛第2轮进行，对于双方来说都是不能松懈的比赛。丹麦队是2020欧洲杯的四强球队，在2022年6月的欧国联还曾经客场击败过法国队，本场比赛的竞争程度只会更加激烈。

本组之星

卡里姆·本泽马

出生年月：1987年12月19日

虽然在写这段文字时，本泽马还没有拿到2022年金球奖，但我们依然可以信心满满地说，本泽马会带着金球奖踏入本届世界杯的赛场。此前，本泽马因为“录像事件”缺席国家队多年，没能在2018年世界杯跟随法国队夺冠。今年35岁的“金球先生”本泽马已经夺得过5次欧冠冠军，接下来他将冲击自己的第一座国家队大赛冠军。

作者视角

正坤

这个小组的实力对比还是比较鲜明的，在我看来，法国队和丹麦队的实力明显还是要胜过澳大利亚队和突尼斯队的。法国队参加2022年世界杯志在卫冕，是本届世界杯纸面实力最突出的球队之一，而且半数球员都有过2018年世界杯的夺冠经历。因此虽然有所谓的魔咒存在，而且法国队在2022—2023赛季欧国联表现得并不出色，但我认为法国队出线基本不成问题。

丹麦队则是基本保留了2020欧洲杯进入四强的人员班底，球队人员配置非常合理，战术打法也非常成熟，再加上克里斯蒂安·埃里克森的复出，可以说丹麦队并没有什么明显的短板，出线的概率也是非常大的。突尼斯队是一支防守很强硬的球队，但进攻端球员的实力并不出众，因此我觉得很难对法国队和丹麦队造成太大威胁。而澳大利亚队的实力相比于巅峰时期下滑得非常严重，目前球队阵容中能在五大联赛踢球的球员屈指可数，因此想从小组中突围也是非常困难的。

鑫淼

世界杯分组总是有一些缘分和巧合，法国队、丹麦队、澳大利亚队三支球队上届世界杯就被分在了同一小组。人们总是对魔咒津津乐道，尤其是上届冠军不能小组出线的好戏。但法国队的阵容雄厚，能摆出几套有竞争力的阵容，球队四年间进行了不少换血，球员对胜利的渴望丝毫不减，再加上本组除了丹麦队之外，其他球队很难威胁到法国队，所以在我看来法国队打破魔咒没什么问题。

本组另外一个期待的点就是丹麦队了，去年在欧洲杯上丹麦队展现了阵容的全面性，三条线上虽然没什么巨星，但也没有短板，这种球队的上限可能非常高，假设丹麦队能够以小组第二出线，是不是有可能把阿根廷队挡在八强门外呢？

基利安·姆巴佩

出生年月：1998年12月20日

2018年，19岁的姆巴佩凭借着优异的发挥帮助法国队拿下世界杯冠军，那时候他还是刚刚在足坛崭露头角的新星。四年过去了，姆巴佩已经成了在俱乐部风头压过内马尔和梅西的超级球星。考虑到历史上只有贝利拿到过三届世界杯冠军，23岁的姆巴佩如果能第二次捧起大力神杯，他将为打破贝利的三次世界杯冠军纪录打下牢固的基础。

France
法国队

全称：法国国家男子足球队
绰号：高卢雄鸡
荣誉：1998、2018年世界杯冠军
1984、2000年欧洲杯冠军
2020—2021赛季欧国联冠军
队史最佳阵：4-4-2
门将：雨果·洛里
后卫：利利安·图拉姆、劳伦特·布兰科、马塞尔·德塞利、马克西姆·博西斯
中场：迪迪埃·德尚、齐内丁·齐达内、米歇尔·普拉蒂尼、简·蒂加纳
前锋：蒂埃里·亨利、卡里姆·本泽马

球队身价：11亿欧元
世界排名：4
出线概率：92%
夺冠概率：17.93%
现任教练：迪迪埃·德尚
现任队长：雨果·洛里
球队核心：卡里姆·本泽马
第一射手：基利安·姆巴佩
聚焦新星：奥雷里安·楚阿梅尼

出线之路

首先需要科普的一个知识点是，自2006年之后，世界杯上届冠军就没有直接入围世界杯的资格了，所以法国队还是需要凭借预选赛进入世界杯。预选赛阶段，法国队与乌克兰队、芬兰队、波黑队、哈萨克斯坦队分在了同一小组，前5轮比赛，法国队收获了3场平局，形势并不稳定，尤其是与乌克兰队的两回合较量全部战成了平局，不过随后3轮，法国队取得全胜。虽然本组的乌克兰队也取得了2胜6平的不败战绩，但是法国队还是以5胜3平的不败战绩拿到小组第一，直接晋级世界杯决赛圈。

征战历史

首次参赛年份：1930年
晋级世界杯次数：16次（1930、1934、1938、1954、1958、1966、1978、1982、1986、1998、2002、2006、2010、2014、2018、2022年）
最好成绩：冠军（1998、2018年）

预计首发

阵形：3-4-1-2
主帅：迪迪埃·德尚
基利安·姆巴佩
卡里姆·本泽马
特奥·埃尔南德斯
安托万·格列兹曼
恩戈洛·坎特
普雷纳尔·金彭贝
保罗·博格巴
拉斐尔·瓦拉内
金斯利·科曼
雨果·洛里
朱尔·孔德

阵形：4-2-3-1
主帅：迪迪埃·德尚
基利安·姆巴佩
卡里姆·本泽马
安托万·格列兹曼
特奥·埃尔南德斯
恩戈洛·坎特
金斯利·科曼
保罗·博格巴
普雷纳尔·金彭贝
拉斐尔·瓦拉内
雨果·洛里
邦雅曼·帕瓦尔

战术打法

迪迪埃·德尚在2021年10月欧国联决赛圈的比赛中，对法国队之前所主打的阵形进行了调整。变阵“3412”之后，法国队不仅赢得了2020—2021赛季欧国联的冠军，还取得了一次六连胜，其中还包括8：0横扫哈萨克斯坦队这样的大比分胜利。因此现在这套三中卫的阵形应该是法国队主打的阵形了，在这个阵形之下，特奥·埃尔南德斯和金斯利·科曼两名边翼卫可以更好地在边路发起进攻，卡里姆·本泽马和基利安·姆巴佩在锋线上的配合也是愈发默契。

在2022年6月的欧国联比赛中，着力考察阵容的德尚又重新打回了法国队在2018年世界杯夺冠时所主打的“4231”阵形，但是在效果上却不尽如人意。法国队在2022年6月的四场欧国联比赛当中未尝胜绩，因此这套四后卫的体系到了2022年世界杯上，应该只会作为德尚的备选方案了。

名单解析

门将

主力门将还是老将雨果·洛里，这将是他第七次代表法国队出战大赛，丰富的经验以及队长的地位还是能让他锁定首发。第二门将是米凯·迈尼昂，论实力他已经可以威胁到洛里的主力位置，但毕竟是第一次参加世界杯，经验上还是与洛里相差很多。

第三门将的位置还存在争夺，目前看最有可能的人选是2018年世界杯的第三门将阿方斯·阿雷奥拉。老将史蒂文·曼丹达由于此前在马赛队踢不上主力，顺位已经落后了。而2016年欧洲杯的第三门将伯努瓦·科斯蒂尔此前是德尚更青睐的人选，但由于伤病的影响，目前的顺位已经落后于阿雷奥拉了。

后卫

目前的三中卫体系下，居中的主力人选还是拉斐尔·瓦拉内，他需要承担主要的防空职责。主力右中卫也比较固定，朱尔·孔德是德尚的首选，他在防守端主要负责回追补位，而在进攻端也能经常插上来参与助攻。主力左中卫则还存在争夺，相对来讲普雷纳尔·金彭贝更有可能打主力，相比于卢卡斯·埃尔南德斯，他是个更纯正的中卫，也有着更出色的防守能力。

当然，卢卡斯·埃尔南德斯也存在打首发左中卫的可能，边后卫和中后卫都可以踢的他也很适合这个位置，但在2020—2021赛季欧国联半决赛，他防守的区域数次被罗梅卢·卢卡库打穿，2022年3月的热身赛，他又被尼古拉·佩佩轻松摆脱，这些糟糕的表现影响了他在迪迪埃·德尚心中的位置。另外一个替补中卫，德尚的首选目前是小将威廉·萨利巴，从2022年3月首次入选法国队以来，他获得了非常多的登场时间。与他竞争的则是2022年6月才被首次征召的易卜拉希马·科纳特，还有2021年出场次数较多的达约·于帕梅卡诺。这三名小将都有可能在世界杯上成为居中中卫这个位置的替补，德尚需要考察他们在2022—2023赛季的发挥来做出最终的决定。而右中卫则没有专职的正牌替补，如果孔德出现问题需要轮换，德尚会让邦雅曼·帕瓦尔从右边翼卫的位置撤回来踢右中卫。

其余的中卫最有可能挤进名单的是参加了2020欧洲杯的库尔特·祖马，居中和右侧的位置他在世预赛都踢过，但到了2022年他就已经很难获得机会了。此外，在世预赛里德尚也在左中卫的位置使用过克莱芒·朗格莱，但从2021—2022赛季的表现来说，他参加世界杯的可能性非常低。

中场

主力左边翼卫是特奥·埃尔南德斯，德尚把阵形从“433”改成“3412”，也是为了能让特奥更好地发挥，他出色的助攻能力是德尚非常看重的。替补的人选是卢卡斯·迪涅，同样是助攻能力非常突出的球员。

主力右边翼卫是金斯利·科曼，在改打“3412”之后，德尚就让科曼打这个位置来发挥他的助攻能力。但科曼毕竟还是进攻球员出身，因此在面对强敌时，德尚可能还是会派上帕瓦尔，毕竟他的防守还是要更出色一些。考虑到科曼变阵时还可能去踢前锋，帕瓦尔还有可能去踢右中卫，因此右边翼卫的位置上，德尚应该还会再带上一个替补，参加了2020欧洲杯的莱奥·迪布瓦和助攻能力非常突出的若纳唐·克洛斯在争夺这个位置。

主力后腰是过去三届大赛法国队一直以来的搭档恩戈洛·坎特与保罗·博格巴，坎特会主要承担防守的职责，他在中场的拦截与抢断会很大程度上减轻保罗·博格巴的防守压力。博格巴目前仍然在受伤后的康复过程中，但只要能痊愈，德尚肯定还是对他委以重任，因为他的组织作用确实无人可以取代，在2022年6月的欧国联比赛中，德尚尝试让奥雷里安·楚阿梅尼去踢博格巴的位置，但效果确实不尽如人意。

后腰两个主要的替补首先是阿德里安·拉比奥，相比于博格巴的传球与组织，拉比奥在中场的特点更偏向于后插上的进攻；另一位替补后腰会选择小将楚阿梅尼，相比于拉比奥，楚阿梅尼的特点更偏向于防守，因此德尚也经常在领先的情况下用他换下前腰位置的安托万·格列兹曼，将阵形从“3412”调整为“532”。此外，马特奥·贡多齐在2020欧洲杯之后也逐渐在法国队获得了稳定的位置，进入世界杯名单的概率还是比较大的。

备选：费兰·门迪、诺尔迪·穆凯莱、若尔丹·韦勒图、科朗坦·托利索、爱德华多·卡马文加

前腰

前腰这个位置可以说是为格列兹曼量

身定做的，他会隐藏在两名前锋身后串联进攻端。在替补方面，世预赛前期使用的是托马斯·勒马尔，相比于曾经的边缘站位，这两年勒马尔的位置已经更趋近于中路了，但频繁的伤病可能会影响他进入名单。因此，在2022年德尚征召了2021—2022赛季状态极为出色的克里斯托弗·恩昆库，他的进攻属性要更强一些，也可以推上锋线，变阵为“4231”阵形时也可以像勒马尔一样拉到边路踢边前卫。

前锋

两个前锋从类型上看，一个更偏向边锋，另一个则更偏向中锋。基利安·姆巴佩是更偏向边锋属性的，他能依靠出色的突破能力给予对手极大威胁。与他联袂首发的是更偏向中锋属性的本泽马，两个人经常能在小范围踢出精细的配合，撕开对手的防线。

姆巴佩的主要替补是穆萨·迪亚比，他在锋线上的突破将会是替补席上很重要的变招。

本泽马的替补最可能的人选是维萨姆·本耶德尔，作为一个门前嗅觉非常灵敏的前锋，在俱乐部出色的进球效率是他入选国家队的保证。

备选：安东尼·马夏尔、奥斯曼·登贝莱、奥利弗·吉鲁

近年战绩

2018—2019赛季欧国联：A级别小组第二

在首届欧国联比赛中，法国队在A级别比赛中与荷兰队、德国队分在了同一个小组，在与荷兰队同积7分的情况下，法国队因为比赛净胜球的微弱劣势，无缘首届欧国联淘汰赛。

2020欧洲杯：十六强

法国队本是2020欧洲杯最大的夺冠热门，小组赛阶段它与德国队、葡萄牙队分在了死亡之组。在死亡之组中，法国队击败德国队，与葡萄牙队和匈牙利队的比赛收获两场平局，最终以小组第一的身份晋级淘汰赛。淘汰赛法国队碰上了以小组第三身份出线的瑞士队，在3：1领先的情况下，被瑞士队扳平了比分，最终点球大战被瑞士队淘汰出局。

2020—2021赛季欧国联：冠军

第二届欧国联比赛，法国队在A级别比赛中与葡萄牙队、克罗地亚队、瑞典队分在了同一个小组，最终它以5胜1平的不败战绩进入淘汰赛。淘汰赛法国队先是在半决赛碰到比利时队，在一度落后两球的情况下，它在下半场完成3：2的逆转；决赛法国队又一次在落后的情况下翻盘，2：1战胜西班牙队，夺得第二届欧国联的冠军。

鑫淼

法国队在足球历史上有四个瞩目的时段，四个时段都有着光彩夺目的巨星和优异的国家队成绩。

第一个瞩目的时段是法国队在1958年世界杯上杀进四强，尽管半决赛遗憾地输给了贝利领衔的巴西队，但那一支法国队有两名球员名垂青史，一位是法国历史上第一位金球奖得主雷蒙德·科帕，第二位就是迄今为止依然保持着世界杯单届进球纪录的朱斯特·方丹。

第二个光彩夺目的时段是在20世纪80年代，夺得1984年欧洲杯冠军的法国队，拥有普拉蒂尼、吉雷瑟和蒂加纳组成的铁三角。它的战力不俗，在这里也给大家推荐下1982—1986年法国队的比赛，尤其是1982年世界杯半决赛与联邦德国队的经典大战，看完能够了解为什么普拉蒂尼在20世纪80年代是与马拉多纳并称的超级球星。

接下来的一个时段就是很多球迷朋友都经历过的1998—2000年，齐达内领衔的法国队连夺两届大赛冠军，而围绕在齐达内身旁的，老一辈有德塞利、德尚、利扎拉祖和图拉姆等一众球星，新一辈有亨利、特雷泽盖与维埃拉等耳熟能详的名字。

最新一个时段就是现在了，近些年法国队人才济济，它甚至能够拿出几套极有战斗力的阵容，上一届世界杯它凭借极其功利的打法勇夺世界杯，本届它迎来了准“金球先生”本泽马的回归，让人更加期待它能否取得超越前辈的辉煌。

正坤

说起法国队，那就不能不说其在2018年世界杯夺冠的历程，在这之前，我就很看好法国队。论纸面实力，那届世界杯的法国队毫无疑问是一支冠军水准的球队。

相比于2016年欧洲杯的阵容，姆巴佩的崛起可以说补齐了法国队夺冠的最后一块拼图。2016年欧洲杯，身披10号球衣，在决赛打丢绝杀球的是如今在墨西哥踢球的吉尼亚克，而两年之后，这件10号战袍就披在了足坛最有希望的新星姆巴佩身上。

1/8决赛对阵阿根廷队可能不是法国队夺冠路上最困难的，但却是最精彩的一场。帕瓦尔贡献出了一脚可能终其职业生涯都无法再复制的进球，阿根廷队已经竭尽所能地在给法国队制造困难，但是当姆巴佩用风驰电掣的速度突破阿根廷整条防线时，阿根廷队球员的反应似乎表明，在天赋面前，努力也许真的无法填平这显著的差距。

半决赛对阵比利时队的比赛可能是法国队夺冠路上最艰难的比赛，在众多进攻手被严加防守的情况下，是乌姆蒂蒂站了出来，精彩的头球破门，现在几乎可以确定这将是他职业生涯最关键的进球，现在的乌姆蒂蒂连上场比赛都变成了奢望。

决赛前，法国队几乎得到了一边倒的看好，面对克罗地亚队，法国队甚至可以说是“轻松”地收获冠军，在卢日尼基球场的大雨里，德尚和弟子尽情地欢庆，一如20年前他和队友那样……

Australia

澳大利亚队

全称：澳大利亚国家男子足球队
绰号：袋鼠军团
荣誉：2015年亚洲杯冠军
队史最佳阵：4-4-2
门将：施瓦泽
后卫：戴维森、伊万诺维奇、马尔斯顿、尼尔
中场：科威尔、卡希尔、泽利奇、瓦伦
前锋：维杜卡、法里纳

球队身价：5000万欧元
世界排名：39
出线概率：29%
夺冠概率：0.01%
现任教练：格雷厄姆·阿诺德
现任队长：马修·瑞安
球队核心：阿龙·穆伊
第一射手：杰米·麦克拉伦
聚焦新星：乔尔·金

出线之路

澳大利亚队在亚洲区预选赛四十强赛阶段8战全胜，晋级十二强赛。在十二强赛中，澳大利亚队与日本、沙特阿拉伯、阿曼、越南等队分在了同一个小组，被日本队双杀，与沙特阿拉伯队的两场比赛1平1负，最终拿到小组第三的它需要参加两轮的附加赛。它先是2：1淘汰了十二强赛另一个小组的第三名阿联酋队，又在洲际附加赛中通过点球大战淘汰了秘鲁队，连续第5届晋级世界杯正赛！

征战历史

首次参赛年份：1974年
晋级世界杯次数：6次（1974、2006、2010、2014、2018、2022年）
最好成绩：十六强（2006年）

预计首发

战术打法

澳大利亚队在主帅格雷厄姆·阿诺德的指导下主打的一直是“4231”的阵形，在进攻当中主要利用两个边前卫比较强的冲击力形成边路传中，然后在中路进行包抄抢点，澳大利亚队的几名中场在身高上都有优势，后插上形成包抄的第二梯队会产生比较大的威胁。而在面对强敌时，阿诺德应该会采用比较务实的防守反击战术，可能会采取类似于无锋阵的“4231”阵形，将边锋属性的马修·莱基放到中锋的位置上，然后边路首发换为爆点能力更强的黑人边锋奥尔·马比尔，以此来增强反击当中的杀伤力。

而且对于澳大利亚队来讲，定位球也是极为重要的得分手段，身高2.01米的中后卫苏塔在世预赛打进了6球，在禁区里争抢高空球的作用非常大。因此对于澳大利亚队来说，两个边路的突破哪怕不能制造好的传中机会，制造犯规、任意球或者角球也是非常行之有效的进攻套路。

名单解析

门将

主力门将是马修·瑞安，虽然世预赛期间他在俱乐部并非主力，但这没有影响他在国家队的位置。第二门将是在洲际附加赛点球大战中立功的安德鲁·雷德梅因。第三门将是老将丹尼·武科维奇，但此前在俱乐部踢不上球的情况还是影响了他的位置。在世预赛登过场的劳伦斯·托马斯可以与他竞争。

后卫

在中后卫方面，主力左中卫是身高2.01米的哈里·苏塔，他有着很强的争抢高空球的能力。右中卫的位置，参加过2014年世界杯的贝利·赖特已经反超特伦特·塞恩斯伯里，成为更有可能的主力人选，塞恩斯伯里现在的能力相比巅峰时期确实有了明显下滑。左中卫的替补是凯·罗尔斯，个头儿不高的他补位和出球比较出色。此外参加过2018年世界杯的米洛什·德格内克也有希望进入名单。

主力左后卫是阿齐兹·比伊奇，从2018年世界杯到现在，他一直是澳大利亚队左后卫的首选。为了选出一个最合适的替补左后卫，世预赛期间阿诺德尝试使用了很多人，但都没有完全达到预期，最有可能的还是2022年开始得到机会的小将乔尔·金。

主力右后卫是纳撒尼尔·阿特金森，他从2022年开始得到重用，虽然他在洲际附加赛上暴露了防守端速度偏慢的问题，但阿诺德对他还是很信任。替补人选是弗兰·卡拉契奇，十二强赛前期的主力赖恩·格兰特也有希望去竞争替补的位置。

备选：瑞安·麦克格文、布拉德·史密斯、卡勒姆·埃尔德、贾森·戴维森

后腰

双后腰的组合，杰克逊·欧文会承担更多的拦截任务，在进攻当中他会利用身高形成包抄优势。与他搭档的是阿隆·穆伊，他是球队的中场节拍器，进攻当中会拖得比较深来支配球权。在替补方面，穆伊的轮换人选是赖利·麦格里；而欧文的替补是詹姆斯·杰戈，但他的位置并不稳固；詹尼·斯滕斯内斯也是防守型后腰，而且还能回撤踢中卫。

备选：康纳·梅特卡夫

前卫

主力前腰是艾丁·赫鲁斯蒂奇，他有比较强的拿球能力，可以拉到右路，也可以回撤踢后腰。前腰的轮换球员是身材高大的汤姆·罗吉奇，到了危急时刻要打高空球战术时可以发挥作用。

然后来看两个边路，左边的主力人选是马修·莱基，打无锋阵的话他还可以打中

锋，此时左边就会派上更具爆点能力的奥尔·马比尔。此外左路还可以使用各方面素质更全面的克雷格·古德温。

右边的主力人选是马丁·博伊尔，他身材不高，但非常强壮，脚下的拿球频率也相当快。轮换可以选择小将马尔科·蒂利奥。

备选：德尼·让罗、尼克·达戈斯蒂诺、克里斯托弗·伊科诺米迪斯、丹尼尔·阿尔扎尼、本·福拉米、布兰登·博雷洛

前锋

主力中锋最有可能的选择还是杰米·麦克拉伦，但是作为一个抢点型的射手，他在支点作用上并不突出。所以阵容里唯一的高中锋米切尔·杜克也有可能打主力。而十二强赛前期的主力中锋亚当·塔格特，由于受到长期的伤病困扰，顺位已经落后了。

备选：尼基塔·鲁卡维恰、布鲁诺·福尔纳罗利、安德鲁·纳博特

近年战绩

2019年亚洲杯：八强

2019年亚洲杯，澳大利亚队与约旦、巴勒斯坦、叙利亚三队同组，它在小组赛中3战2胜1负，以小组第二的成绩晋级淘汰赛。1/8决赛中，澳大利亚队与乌兹别克斯坦队在120分钟内战成0：0，点球大战4：2淘汰对手。1/4决赛，澳大利亚队0：1不敌东道主阿联酋队，止步八强。

Denmark

丹麦队

全称：丹麦国家男子足球队
绰号：童话王国
荣誉：1992年欧洲杯冠军
1995年联合会杯冠军
队史最佳阵：4–3–3
门将：彼得·舒梅切尔
后卫：海因茨、伊万·尼尔森、莫滕·奥尔森、西韦贝克
中场：米歇尔·劳德鲁普、莱尔比、约翰·延森
前锋：阿兰·西蒙森、拉森、布赖恩·劳德鲁普

球队身价：2.79亿欧元
世界排名：10
出线概率：58.9%
夺冠概率：2.03%
现任教练：卡斯佩尔·尤尔曼德
现任队长：西蒙·克亚尔
球队核心：克里斯蒂安·埃里克森
第一射手：安德烈亚斯·斯科乌·奥尔森
聚焦新星：米克尔·达姆斯高

出线之路

丹麦队在世界杯预选赛的表现相当亮眼，10场比赛取得9胜1负的成绩，唯一的输球还是在9连胜之后、最后1轮阵容大轮换的情况下输给本组排名第二的苏格兰队。值得一提的是丹麦队的防守能力，除了最后1轮因为轮换阵容被苏格兰队打入2球之外，其他9场比赛它仅丢1球。最终丹麦队以小组第一的成绩强势晋级世界杯决赛圈。

征战历史

首次参赛年份：1986年
晋级世界杯次数：5次（1986、1998、2002、2010、2018年）
最好成绩：八强（1998年）

预计首发

战术打法

丹麦队在主帅卡斯佩尔·尤尔曼德的指导下一直有两套阵形。在欧洲杯上由于克里斯蒂安·埃里克森的缺阵，球队主打的是“343”的阵形。但是当2022年3月埃里克森回归到丹麦队阵中，尤尔曼德便将“4231”重新定位为主打的阵形。在“4231”的体系当中，埃里克森会是支配进攻的主要拿球人，丹麦队在前场也会踢得更有压制力，掌控更多的球权。

而如果面对强敌需要加强防守，丹麦队应该会将“4231”的阵形转变为三中卫体系的“343”阵形，从前卫线撤下一名球员，然后在后防线增加一名中后卫。在这样“343”的阵形下，丹麦队会主打快速的防守反击，通过优素福·波尔森等身体素质出色的球员在前场拿球形成突破。而其余大部分兵力会退回到本方半场，通过低位防守的人数优势来限制对手的进攻。在2020欧洲杯上，丹麦队也是靠着“343”的阵形闯进了最终的四强。现如今埃里克森的回归，让尤尔曼德获得了更多的战术选择。

名单解析

门将

主力门将还是卡斯佩尔·舒梅切尔，他的能力依旧是最值得信任的。弗雷德里克·伦诺是第二门将的人选，在俱乐部重获首发也巩固了他在国家队的位置。世预赛得到过征召的彼得·温达尔以及丹尼尔·伊韦尔森也都有希望竞争第二门将和第三门将的位置。

备选：约纳斯·勒斯尔、耶斯佩尔·汉森

后卫

在中后卫方面，西蒙·克亚尔虽然遭遇了伤病困扰，但他伤愈复出之后还是能锁定主力的位置。与他搭档的是安德烈亚斯·克里斯滕森，他左中卫、右中卫都能踢，并且还具备打后腰的能力。如果打三中卫阵形，第三个中卫可能会使用扬尼克·韦斯特高。同样踢了2020欧洲杯的约阿希姆·安德森也有希望竞争。

主力左后卫是约阿基姆·梅勒，虽然是右后卫出身，但他在丹麦队已经固定打左边了，出色的进攻能力是他坐稳首发的保证。替补选择同样右后卫出身的延斯·斯特里格·拉森，和梅勒一样，他也是左右两个边后卫都能踢。

主力右后卫是丹尼尔·瓦斯，作为丹麦队里最全面的球员，瓦斯可以胜任右后卫、右边锋以及中前卫等多个位置。在替补方面，虽然说梅勒和斯特里格·拉森都可以踢，但尤尔曼德应该还会再带上拉斯穆斯·克里斯滕森这样一个备选人员。

备选：维克托·内尔松、安德烈亚斯·马克索、尼古拉·博伊莱森、马斯·彼泽森、亚历山大·巴

后腰

在后腰组合中，托马斯·德莱尼会承担更多的防守职责。而皮埃尔-埃米尔·赫伊别尔则会更多地前插，配合默契的两人在场上也会经常换位、补位，共同承担起攻防职责。在替补方面，克里斯蒂安·内尔高是更偏向防守型的后腰；而马蒂亚斯·延森则覆盖范围更大，甚至还踢过右前卫。

备选：菲利普·比林、延斯·荣松、安诺斯·克里斯蒂安森、延斯·斯特奇、卡斯佩尔·尼尔森

前卫

主力前腰是克里斯蒂安·埃里克森，他是丹麦队中前场的创造力源泉。替补是耶斯佩尔·林德斯特伦，前腰和边前卫他都可以胜任，场上位置非常灵活。

两个边路，左路的主力是米克尔·达姆斯高，挑传是他最擅长的破局手段；右边会首发安德烈亚斯·斯科乌·奥尔森，无论是左脚内切打门还是右脚下底传中，他都具备不错的水准。

替补首先是马丁·布雷斯韦特，他在

2021—2022赛季频繁受伤，因此失去了主力位置。类似情况的还有罗伯特·斯科乌，不过他的处境相对来说就更危险了。雅各布·布鲁恩·拉森等在世预赛发挥不错的球员也有希望进入名单。

备选：穆罕默德·达拉米、安诺斯·德赖尔、皮奥内·西斯托

前锋

主力中锋还是优素福·波尔森，运动能力出色的他在前场有更大的活动范围，也能拉到边路。同样既可以打边路又可以打中路的还有安德烈亚斯·科内柳斯，世预赛他主要踢的是右路，但也能通过身高优势在禁区里制造威胁。替补中锋还有支点型的约纳斯·温德，以及在2020欧洲杯发挥不错的卡斯佩尔·多尔贝尔。

备选：马库斯·英瓦尔森、米卡埃尔·乌勒、埃米尔·里斯

近年战绩

2018—2019赛季欧国联：B级别小组第一，晋级2021年欧国联A级别比赛

首届欧国联，丹麦队身处B级别联赛，与威尔士队、爱尔兰队同组，丹麦队2胜2平拿到小组第一，顺利升入2020—2021赛季欧国联A级别比赛。

2020欧洲杯：四强

2020欧洲杯，丹麦队与比利时队、芬兰队、俄罗斯队同组，小组赛首轮对阵芬兰队，埃里克森在赛场上突发心脏骤停，与死神擦肩而过，这也给丹麦队的前景蒙上了阴影，最终它1胜2负，以小组第二的身份艰难出线。淘汰赛丹麦队4：0大胜威尔士队，2：1淘汰捷克队，最终在半决赛对决中，丹麦队1：2不敌英格兰队遭到淘汰。

2020—2021赛季欧国联：A级别小组第二

2020—2021赛季欧国联丹麦队身处A级别比赛，与比利时队、英格兰队、冰岛队同组，在小组赛的6场比赛中，3胜1平2负，位居小组第二，但因为残酷的赛制，无缘晋级半决赛。

Tunisia

突尼斯队

全称：突尼斯国家男子足球队
绰号：迦太基之鹰
荣誉：2004年非洲杯冠军
队史最佳阵：4-4-2
门将：萨多克·萨西
后卫：塔伊卜·贾巴利、阿布登努尔、贾伊迪、特拉贝勒西
中场：拉赫扎米、巴亚、哈苏纳、赫尔加勒
前锋：迪瓦、沙伊比

球队身价：3800万欧元
世界排名：30
出线概率：26.7%
夺冠概率：0.01%
现任教练：贾拉勒·卡德里
现任队长：优素福·姆萨克尼
球队核心：伊利亚斯·斯希里
第一射手：瓦赫比·哈兹里
聚焦新星：汉尼拔·梅布里

出线之路

突尼斯队在非洲区预选赛第二阶段小组赛中与赤道几内亚队、赞比亚队、毛里塔尼亚队分在了同一个小组。第一循环的3场比赛突尼斯队就取得了全胜的战绩，高居小组第一；第二循环它虽然输掉了1场比赛，但还是成功晋级非洲区预选赛最后阶段。在最后阶段突尼斯队抽到了实力较弱的马里队，最终突尼斯队以两回合1：0的比分小胜马里队，晋级世界杯正赛。

征战历史

首次参赛年份：1978年
晋级世界杯次数：6次（1978、1998、2002、2006、2018、2022年）
最好成绩：小组赛（小组赛最好成绩在1978年世界杯，1胜1平1负拿到4分）

预计首发

战术打法

突尼斯队在2021非洲杯之后进行了换帅，此前的助理教练贾拉勒·卡德里走马上任成为新任主帅。但是他并没有对突尼斯队的技战术打法做大幅度的调整，“433”的阵形与防守反击的打法仍然是目前突尼斯队所主打的。突尼斯队在比赛中会退得比较深，三名中场也都有着比较出色的拦截能力，所以球队更多的重心还是会放在防守端上。

在进攻端，两个边锋纳伊姆·斯利蒂和瓦赫比·哈兹里都是大赛经验丰富的球员。包括替补席上的队长优素福·姆萨克尼在内，突尼斯队的攻击手都有着比较强的个人拿球能力，因此在反击当中，突尼斯队可以不用投入太多兵力就形成对对方球门的威胁。而且在面对强敌需要进一步加强防守时，突尼斯队也具备变阵为三中卫体系的可能性，而且可以使用穆罕默德·本鲁姆赞等多面手类型的后腰来打边锋的位置，以增强边路的防守能力。

名单解析

门将

主力门将是贝希尔·本赛义德，他在2021非洲杯上成为主力，在俱乐部的表现也很突出。第二门将是艾曼·达门，虽然在2021年遭遇了十字韧带断裂的重伤，但复出之后还是很受主教练信任。第三门将的人选可能是参加了2021非洲杯的阿里·贾迈勒，但在2022年6月被征召的穆罕默德·德卜希也有机会竞争。

备选：法鲁克·本穆斯塔法、穆埃兹·哈桑

后卫

在中后卫方面，迪兰·布龙是主力的右中卫，2018年世界杯他打的是右后卫，补防和出球是他的优势。主力左中卫本来是2018年世界杯的主力亚辛·梅里亚赫，但十字韧带断裂的重伤让他远离了国家队。在梅里亚赫受伤后，蒙塔萨尔·塔勒比占据了主力位置，他的特点和梅里亚赫类似，同样是正面拦截比较出色的高大中卫。第四中卫应该会选择在2021非洲杯上表现不错的比莱勒·伊法，但身高1.96米的纳迪尔·甘德里也有机会竞争。

主力左后卫是2018年世界杯的主力阿里·马卢勒。而当时的替补乌萨马·哈达迪由于在2022年缺乏比赛机会，他的位置已经被阿里·阿卜迪所抢占。主力右后卫是穆罕默德·德雷格尔，替补是哈姆扎·马斯卢西。而世预赛前期的主力瓦杰迪·凯什里达由于在俱乐部踢不上比赛，在2022年已经很难在国家队获得机会了。

备选：奥马尔·雷基克、亚当·本拉明、阿拉·格拉姆、拉米·卡伊卜、穆罕默德·本哈米达

中场

三中场居中拖后的是伊利亚斯·斯希里，他既有不错的拦截能力，也能成为进攻时中场的发牌器。而且斯希里擅长远射，世预赛曾两次世界波破门。左侧的是艾萨·莱杜尼，他是一个比较纯粹的防守型后腰。右侧则是穆罕默德·本鲁姆赞，他的进攻属性更强，进攻时会顶得比较靠上。

替补首先是盖兰·沙拉利，他和莱杜尼一样也是守强于攻的类型，主要轮换居中的位置。费尔贾尼·萨西则主要轮换两侧的位置，世预赛前期他还是主力，但由于伤病在2022年变为了轮换球员。此外，阿尼斯·本·苏莱曼则是替补中最偏向进攻的，不仅可以踢左中场、右中场，而且还可以推到锋线上。

备选：穆塔兹·扎德姆、赛义夫丁·哈维、萨阿德·卜吉尔、穆阿塔兹·泽姆泽米

前锋

在边锋方面，瓦赫比·哈兹里是主力的右边锋，很多时候他也会去打中锋。哈兹里的身体非常强壮，有不错的单兵突破能力。

左侧的主力是纳伊姆·斯利蒂，当然，队长优素福·姆萨克尼也有可能直接抢走首发。第四个边锋有可能选择小将汉尼拔·梅布里，他是前腰出身，踢边锋会凭借不错的脚下技术更多地内收参与组织。

主力中锋是2021非洲杯的主力赛义夫丁·贾齐里。替补可以选择亚辛·哈尼西，此外，在2022年友谊赛发挥不错的萨利姆·贾巴利也可以作为替补人选。

备选：菲拉斯·本拉尔比、穆尔塔达·本瓦尼斯、哈姆扎·拉菲亚、伊利亚斯·阿舒里、法赫尔丁·本优素福、塞巴斯蒂安·图奈克提、约安·图兹加尔

近年战绩

2019年非洲杯：四强

突尼斯队在2019年非洲杯小组赛中三连平，以小组第二出线。1/8决赛突尼斯队与加纳队在120分钟内战成1：1，点球大战5：4淘汰对手；1/4决赛又以3：0大胜马达加斯加队。半决赛0：1不敌塞内加尔队，止步四强。

2021非洲杯：八强

2021非洲杯小组赛第1轮出现了极具争议性的一幕，在突尼斯队与马里队的比赛中，当值主裁判在第85分钟、第89分钟连续两次提前结束比赛，突尼斯队以0：1不敌马里队。尽管在赛后突尼斯队因不满主裁判的操作而上诉，但非洲足联最终驳回了它的上诉，好在突尼斯队最终还是以4个成绩最好的第三名之一的身份晋级十六强。淘汰赛首战，突尼斯队以1：0击败了尼日利亚队，然而在1/4决赛中，它0：1不敌布基纳法索队遭到淘汰，止步八强。

E组

豪强相遇都相安，奇迹之师很难现

西班牙　德国　日本　哥斯达黎加

全景瞭望

详细赛程

第1轮

开球时间	交战双方	比赛场地	观赛指数	进球展望
11月23日 21：00	德国队 VS 日本队	哈里法国际体育场	★★★★★	≥3
11月24日 00：00	西班牙队 VS 哥斯达黎加队	阿图玛玛球场	★★★★	≥3

第2轮

开球时间	交战双方	比赛场地	观赛指数	进球展望
11月27日 18：00	日本队 VS 哥斯达黎加队	艾哈迈德·本·阿里球场	★★★	≥2
11月28日 03：00	西班牙队 VS 德国队	海湾球场	★★★★★	≤2

第3轮

开球时间	交战双方	比赛场地	观赛指数	进球展望
12月2日 03：00	日本队 VS 西班牙队	哈里法国际体育场	★★★★★	≥2
12月2日 03：00	哥斯达黎加队 VS 德国队	海湾球场	★★★★	≥4

红牌概率	点球概率	冷门指数	比分预测	球迷预测
7%	85%	★	3 : 0; 4 : 1	□:□; □:□
9%	69%	★	3 : 0; 4 : 0	□:□; □:□

红牌概率	点球概率	冷门指数	比分预测	球迷预测
25%	36%	★★	2 : 0; 2 : 1	□:□; □:□
15%	8%	★	0 : 0; 1 : 1	□:□; □:□

红牌概率	点球概率	冷门指数	比分预测	球迷预测
5%	28%	★	0 : 2; 1 : 3	□:□; □:□
15%	32%	★	0 : 4; 0 : 5	□:□; □:□

焦点短评

西班牙队VS德国队

本届世界杯小组赛阶段最为重磅的较量，也是小组赛阶段唯一一场两支拿过世界杯冠军的球队对决。两支球队上一次在大赛中相遇是在2010年世界杯半决赛，凭借着普约尔的进球，西班牙队1：0战胜德国队进入决赛，随后在决赛中，它又绝杀荷兰队夺得队史第一个世界杯冠军。

这些年来，两支球队也是经常交锋，最为经典的一场赛事是在2019—2020赛季欧国联的比赛中，西班牙队6：0大胜德国队，虽然欧国联比赛的含金量不高，但是这么夸张的比分也让德国队遭遇了巨大的耻辱。此番两支球队再度交手，除了在球队层面的对决之外，另外值得期待的就是路易斯·恩里克与汉西·弗里克两位名帅的对决，两人在执教俱乐部时都创造过“三冠王”的伟业，这次交锋同样备受关注。

德国队VS日本队

这些年日本足球飞速发展，让人羡慕，日本队甚至可以排出一套全部效力于欧洲联赛的首发阵容，因此，日本队的实力不容小觑。不过由于与德国队、西班牙队同处一个小组，日本队想要拿到出线权并不容易。

首战德国队，如果日本队能趁着德国队还没有完全进入状态取得一个不错的结果，那么对日本队来说将会非常关键。2018年世界杯，韩国队战胜德国队的比赛，或许可以给日本队一些经验。另外，在2018年世界杯上，日本队在淘汰赛一度以2：0领先比利时队，这也说明日本队有实力一战。这场比赛还是在北京时间21:00进行，精彩不容错过。

本组之星

佩德里

出生年月：2002年12月25日

19岁的佩德里在球场上已经奉献过非常出色的表现，巴萨主帅哈维更是称赞佩德里让他想起自己的老搭档伊涅斯塔。但是2020—2021赛季的过度使用让佩德里饱受伤病困扰，如果能摆脱伤病，他将会是西班牙队最令人期待的球员，也将是卡塔尔世界杯上一个备受瞩目的年轻新星，在他的身上，或许能看到2018年世界杯上姆巴佩的影子。

作者视角

正坤

这个小组在分组抽签结束之后被称作“死亡之组”，主要还是因为包含了西班牙队和德国队两支传统强队。但是从出线形势上来看，两支球队携手出线的概率还是非常大的。近两年来，西班牙队在路易斯·恩里克的执教下趋于稳定，2020欧洲杯进入四强，2021—2022赛季的欧国联也拿下亚军，整体的实力不容小觑。

而德国队在经历了2018年世界杯和2020欧洲杯两次失败之后，终于进行了改变。执教德国队15年的勒夫在2021年离任，接替者汉西·弗里克很快将自己的战术哲学植入到了球队当中，凌厉的快速进攻取代了沉缓的传控踢法。这支新版的德国队从小组中突围的概率也是非常大的。

日本队确实在分组上非常不走运，在小组赛面对西班牙队和德国队两支传统强队，日本队的纸面实力逊色不少。而哥斯达黎加队作为三十二强当中身价最低的一支球队，青黄不接的它想进入淘汰赛将非常困难。

鑫淼

这个分组让我想起了2014年世界杯的“死亡之组”，英格兰、意大利、乌拉圭和哥斯达黎加4支球队被分在同一小组，大多数人都会认为英格兰队和意大利队将携手出线。即便有不同观点，也只是认为英格兰或者意大利其中一支球队会翻车。

但结果却是哥斯达黎加队与乌拉圭队携手出线。这正是世界杯的魅力，也是足球的魅力。绝对的弱者，在大赛的舞台上却能迸发最强悍的力量，2014年的那支哥斯达黎加队就是如此。

德国队和西班牙队虽然都是传统强队，但是这些年的成绩并不稳定。我觉得对于日本队来说，它完全有机会从该小组赛中突围，如果能够在与西班牙队或者德国队的交锋中拿到一个平局，日本队有无限的遐想空间。

对于哥斯达黎加队来说，它或许很难复制2014年的奇迹了。

托马斯·穆勒

出生年月：1989年9月13日

托马斯·穆勒目前是在世界杯决赛圈比赛进球最多的现役球员。他在2010年和2014年两届世界杯各打入5球，效率奇高。如今的穆勒已经成为前场多面手，过去三个赛季在德甲联赛中，托马斯·穆勒分别送出了21、18、18次助攻，虽然在评奖中很少出现他的名字，但是他的表现将决定德国队的上限。而且穆勒每逢世界大赛，总能够带来惊喜。因此即便穆勒已经33岁，他也是这支德国队的灵魂人物。

Spain
西班牙队

全称：西班牙国家男子足球队
绰号：斗牛士军团
荣誉：2010年世界杯冠军
　　1964、2008、2012年欧洲杯冠军
队史最佳阵：4-3-3
　门将：伊戈尔·卡西利亚斯
　后卫：塞尔希奥·拉莫斯、卡莱斯·普约尔、费尔南多·耶罗、拉斐尔·戈迪略
　中场：路易斯·苏亚雷斯、哈维、安德雷斯·伊涅斯塔
　前锋：劳尔·冈萨雷斯、大卫·比利亚、特尔莫·萨拉

球队身价：7.4亿欧元
世界排名：6
出线概率：85.2%
夺冠概率：11.53%
现任教练：路易斯·恩里克
现任队长：塞尔吉奥·布斯克茨
球队核心：塞尔吉奥·布斯克茨
第一射手：费兰·托雷斯
聚焦新星：加维

出线之路

西班牙队在欧洲区预选赛与瑞典队、希腊队、格鲁吉亚队、科索沃队分在了一个小组。它在第一循环的4轮比赛中战平希腊队，又输给了瑞典队，排名暂时落后于瑞典队。不过在欧洲杯过后的第二循环比赛中，西班牙队找回了赢球的感觉和比赛的稳定性，它豪取4连胜，最终西班牙队以4分的优势力压瑞典队，以预选赛小组第一的身份直接晋级世界杯。

征战历史

首次参赛年份：1934年
晋级世界杯次数：16次（1934、1950、1962、1966、1978、1982、1986、1990、1994、1998、2002、2006、2010、2014、2018、2022年）
最好成绩：冠军（2010年）

预计首发

战术打法

恩里克执教下的西班牙队所主打的依然是“433”阵形和传控战术。将更多的控球权掌控在自己脚下来主导比赛，是恩里克一以贯之的战术哲学。中场有队长布斯克茨压阵，再加上成长非常迅速的佩德里，西班牙队的中场控制力在当今国际足坛依旧是顶级的一档。

但是在这样的传控战术下，如何打破密集防守依旧会是恩里克最头痛的问题，在2020欧洲杯上，西班牙队也出现过在面对对手的铁桶阵时束手无策的情况。主力中锋阿尔瓦罗·莫拉塔可以提供很出色的支点作用，对于球队战术运转非常关键，但是他门前得分效率不稳定的缺点很难克服。所以西班牙队目前最主要的问题还是缺少一个像大卫·比利亚那样的射手，可以在对方门前稳定输出。

名单解析

门将

主力门将是乌奈·西蒙，2021—2022赛季他的表现非常不错，稳定性有明显提升。虽然德赫亚的表现同样出众，但他依旧不受恩里克信任，2022年3月和6月的世预赛都没能得到恩里克的征召，因此，德赫亚甚至存在落选的危险。其余两名得到恩里克征召过的门将分别是罗伯特·桑切斯和戴维·拉亚，他们也都有机会去竞争第二门将和第三门将的位置。

后卫

在中后卫方面，艾默里克·拉波尔特肯定会是主力，在与保·托雷斯或者伊尼戈·马丁内斯搭档时，他会打右中卫。而与埃里克·加西亚搭档时，拉波尔特则会出现在左中卫的位置上。更有可能和拉波尔特搭档主力的还是保·托雷斯，相比于埃里克·加西亚，保·托雷斯有着更出色的身体条件和防守能力。

埃里克·加西亚的优势则是他的惯用脚为右脚，因此与拉波尔特搭档会更适配，而且埃里克·加西亚出众的出球能力也是恩里克非常看重的。第四中卫大概率会选择伊尼戈·马丁内斯，虽然他的身高不算突出，但是他在禁区里有着很出色的争抢高空球能力。此外参加了2020欧洲杯的迭戈·略伦特也有希望竞争。

主力左后卫是霍尔迪·阿尔巴，他在进攻端的威胁依旧非常大，而且阿尔巴在左路也能很好地与佩德里、费兰·托雷斯这些队友形成配合。替补大概率还是会选择何塞·加亚，在世预赛里他经常能够得到登场的机会，而且加亚在进攻端的表现也不逊色于阿尔巴，不过在经验上还是欠缺一些。此外，马科斯·阿隆索也曾获得一些登场机会，但是2022年6月的欧国联比赛中他发挥得并不好，因此想与参加了2020欧洲杯的加亚竞争并不容易。

主力右后卫是塞萨尔·阿斯皮利奎塔，作为后防线的多面手，世预赛他也踢过中卫和左后卫，但大多数时候还是会出现在右后卫的位置上。替补选择丹尼尔·卡瓦哈尔。在2021—2022赛季，卡瓦哈尔终于摆脱了频繁的伤病困扰，并且凭借稳定的表现回归了国家队。但卡瓦哈尔除了要与阿斯皮利奎塔竞争，还要与马科斯·略伦特争抢出场时间。2020欧洲杯，马科斯·略伦特在西班牙队的定位就是右后卫，虽然说他也可以打右中场和右边锋。但是在中前场竞争非常激烈的情况下，马科斯·略伦特也可能会继续在西班牙队主打右后卫的位置。

备选：劳尔·阿尔比奥尔、乌戈·吉利亚蒙、塞尔希奥·雷吉隆、佩德罗·波罗

中场

居中的主力中场还是队长塞尔吉奥·布

斯克茨，他的组织能力依旧是西班牙队不可或缺的，丰富的经验也是保证布斯克茨担任首发的原因之一。因此，罗德里的位置相对来说就尴尬一些，一般情况下，他只能给布斯克茨打替补。但需要加强中场硬度的时候，恩里克也可能会让罗德里踢中场两侧的位置，与布斯克茨一同首发。与罗德里定位类似的是米凯尔·梅里诺，他在中场也是居中和两侧的位置都可以胜任，但相比罗德里，米凯尔·梅里诺的顺位确实还是靠后一些。

中场两侧的首发应该会跟2020欧洲杯保持一致，佩德里会出现在左边，虽然还很年轻，但他在中场的拿球、传球已有当年哈维的风范。右边的主力人选是科克，作为典型的“六边形球员”，科克在攻防两端都能带来一定帮助，但如果恩里克想去调整的话，科克也是最有可能被替换的。如果想加强防守硬度，可以使用罗德里；如果想加强进攻，卡莱斯·索莱尔是这个位置更好的选择，他的后插上得分能力非常突出。此外马科斯·略伦特也可以踢右中场，但在这个位置上，他在国家队的发挥是不如索莱尔出色的。

小将加维，中场两侧的位置以及左边锋，他都可以踢。虽然在佩德里伤愈之后，加维在国家队打首发的概率降低了，但他作为轮换球员进入世界杯名单应该没什么悬念。与加维特点相近的有布赖斯·门德斯和卜拉欣·迪亚斯，他们都能轮换两侧的中场球员，也都可以踢边锋，但在有加维的情况下，两人进入名单的概率还是比较小的。

备选：蒂亚戈·阿尔坎塔拉、法比安·鲁伊斯、塞尔吉·罗贝托

前锋

在边锋方面，费兰·托雷斯基本能锁定一个主力位置，他在国家队展现了很出色的进球效率。左右两个边锋以及中锋，费兰·托雷斯都可以胜任，恩里克需要这样可以胜任多个位置的球员，对于西班牙队其他的前锋，恩里克也经常会让他们变换位置。另外一个首发边锋，论2020欧洲杯和世预赛的表现的话，巴勃罗·萨拉维亚是更有可能的选择。边锋的替补首先是达尼·奥尔默，他主要还是踢左边，恩里克也经常尝试用他打伪中锋的无锋阵。替补边锋还可以选择同样踢了2020欧洲杯的米凯尔·奥亚萨瓦尔，但现在对他来说最关键的还是得从伤病中尽快恢复。

其余的人选最有可能进入名单的是在2022年6月的欧国联发挥不错的马尔科·阿森西奥。而世预赛使用较多的巴勃罗·福纳尔斯目前已经很难被征召了，他应该只是被看作奥亚萨瓦尔和奥尔莫负伤时的替身。安苏·法蒂也失去了恩里克的信任，2022年6

月的欧国联他虽然重返国家队，但一分钟的登场时间都没有获得。

主力中锋肯定还是阿尔瓦罗·莫拉塔，他的支点作用在场上还是很突出的。2020欧洲杯的替补赫拉德·莫雷诺由于受到伤病影响太多，在国家队的顺位已经落后了。取而代之的是劳尔·德托马斯，和赫拉德·莫雷诺一样，德托马斯也是中锋和边锋都可以胜任，而且在联赛里也有着比较稳定的得分效率。

备选：阿达马·特劳雷、耶雷米·皮诺、布赖恩·希尔、罗德里戈·莫雷诺、阿韦尔·鲁伊斯

近年战绩

2018—2019赛季欧国联：A级别小组第二

在首届欧国联比赛中，西班牙队与英格兰队、克罗地亚队在A级别的赛事中被分在了同一个小组，4场比赛它2胜2负，与两个对手平分秋色，而英格兰队凭借着与克罗地亚队的两场比赛1胜1平的成绩，力压西班牙队进入淘汰赛。

2020欧洲杯：四强

在2020欧洲杯上，西班牙队虽然取得了四强的好成绩，但是发挥并不稳定。小组赛前两轮对阵瑞典队和波兰队都只收获了平局，凭借着第3轮大胜斯洛伐克队拿到的积分，才以小组第一的成绩晋级十六强。1/8决赛西班牙队在一度3：1领先的情况下，被克罗地亚队拖至加时赛才分出胜负；1/4决赛又与瑞士队激战到点球大战，总比分3：1赢下比赛；半决赛西班牙队再一次战至点球大战，最终遗憾落败。

2020—2021赛季欧国联：亚军

第二届欧国联比赛，西班牙队与德国队、瑞士队、乌克兰队在A级别的赛事中被分在了同一个小组，西班牙队凭着对阵德国队1胜1平的成绩，以小组第一的身份晋级淘汰赛。半决赛面对意大利队，它2：1战胜对手，完成了对意大利队的复仇。决赛西班牙队1：2负于法国队，拿到了第二届欧国联的亚军。

鑫淼

作为一个90后球迷，也作为一个足球从业者，从我目前所经历的比赛来看，若让我挑一支最具统治力的球队，我会毫不犹豫地选择2008—2012年的西班牙队。

即使已经过去整整十年，西班牙队大赛三连冠的恐怖统治力给予世界足坛的震撼，依然让人记忆犹新。

近乎百年的积淀让西班牙队在短短的4年间迎来超级爆发。这里有一个名字必须提起，那便是西班牙队功勋主帅——阿拉贡内斯。正是他在2008年带领西班牙队夺得欧洲杯冠军，让西班牙队再次品尝到了冠军的滋味，也给这支西班牙队注入了当时的灵魂打法——传控。

在那之后博斯克萧规曹随，率领西班牙队又接连拿到2010年世界杯和2012年欧洲杯的冠军，西班牙队展现出了史诗级的统治力。那一时期的西班牙队涌现出众多天才球员，这也是打造王朝的关键一环，皇马和巴萨两支球队为国家队联手提供了最为出色的人才。

不过在那之后，西班牙队再次陷入怪圈，黄金一代逐渐落幕之后，西班牙队新一代的球员质量依然不错，但在俱乐部表现出色的球员来到国家队后却没有太好的表现。

像德赫亚、萨乌尔和科克等球员在国家队都没能展现出最好的水平，希望在佩德里等00后球员的率领下，西班牙队能够再回巅峰。

正坤

我相信在很多球迷的心中，2008—2012年完成大赛三连冠的那支西班牙队是给人留下最深印象的。但相比于2008年欧洲杯的初露锋芒以及2012年欧洲杯近乎无悬念的夺冠，2010年南非世界杯的那支西班牙队是给我留下最多记忆的。

在赛前西班牙队被看作世界杯的夺冠大热门，但首场比赛，不敌瑞士队犹如一盆冷水浇了过来，西班牙队被逼到悬崖边上，第二战哪怕是面对绝对的弱旅洪都拉斯队，西班牙队赢得也并不轻松。最后一场小组赛，比利亚用一脚惊世骇俗的吊门帮助西班牙队顺利出线，但三场小组赛下来，西班牙队锋无力的问题也暴露在了全世界面前。

进入淘汰赛，西班牙队更是举步维艰，比利亚又一次成为西班牙队的救世主。终于到了最后的决赛，西班牙队占据着控球优势，但荷兰队的反击差点儿让西班牙队一整届世界杯的努力付之东流，好在队长卡西利亚斯站了出来，成了拯救球队的人。

当伊涅斯塔在加时赛打进绝杀球后，他脱衣庆祝，露出特制的纪念T恤，纪念已故的好友达尼·哈尔克。颁奖台上，拉莫斯身穿纪念安东尼奥·普埃尔塔的T恤，西班牙队的队员相信，在天堂的哈尔克和普埃尔塔一定也能感受到这份夺冠的喜悦。

Costa Rica
哥斯达黎加队

全称：哥斯达黎加国家男子足球队
绰号：加勒比海盗
荣誉：1963、1969、1989年中北美洲及加勒比海锦标赛冠军
2002年金杯赛亚军
队史最佳阵：4-3-3
门将：凯洛尔·纳瓦斯
后卫：吉尔伯托·马丁内斯、马里奥·科德罗、吉安卡洛·冈萨雷斯、阿尔瓦罗·麦克唐纳
中场：瓦尔特·森特诺、胡安·卡亚索、布莱恩·鲁伊兹
前锋：保罗·万乔普、亚历杭德罗·莫雷拉、埃尔南·梅福德

球队身价：1800万欧元
世界排名：34
出线概率：13.5%
夺冠概率：0.00%
现任教练：路易斯·苏亚雷斯
现任队长：布赖恩·鲁伊斯
球队核心：霍埃尔·坎贝尔
第一射手：霍埃尔·坎贝尔
聚焦新星：朱伊森·本内特

出线之路

哥斯达黎加队在世界杯北美区预选赛中位列第四，积分在加拿大队和墨西哥队之后，与美国队积分相同的它因为净胜球劣势只能通过洲际附加赛争取一个世界杯参赛名额。哥斯达黎加队洲际附加赛的对手是来自大洋洲的新西兰队，最终它1：0击败新西兰队，挺进世界杯正赛。

征战历史

首次参赛年份：1990年
晋级世界杯次数：6次（1990、2002、2006、2014、2018、2022年）
最好成绩：八强（2014年）

预计首发

战术打法

哥斯达黎加队在主帅路易斯·苏亚雷斯执教下的战术思路主要是防守反击，将更多的控球权让给对手，在防守端利用几名老将的经验以及凯勒·纳瓦斯的能力顶住对手进攻，然后抓准对手失误的空当快速反击，形成进攻机会。这套战术打法是2014年世界杯哥斯达黎加队可以闯入八强的保证，但是现在其成员的个人能力下滑严重，虽然体系仍在，但想缩小每个点上单兵能力的差距并不容易。

哥斯达黎加队虽然战术比较固定，但是阵形还是比较多变的，相对来说，“442”是打得最多的阵形。这套阵形在攻守上会平衡一些，既能在防守端保持人数优势，又可以在反击当中投入足够兵力。在“442”的阵形基础上，如果需要加强低位防守，就会撤下一名前锋，增加一名中后卫，变阵为“541”。如果希望增强中场的控制力，也可以选择撤下一名前锋，然后派上一名前腰或者一名后腰，变阵为“4231”或者“433”。

名单解析

门将

主力门将是凯勒·纳瓦斯，他也是目前哥斯达黎加队身价最高的球员，虽然纳瓦斯已经35岁，但是他依旧保持了极为出色的竞技状态。第二门将是参加过2018年世界杯的莱昂内尔·莫雷拉，在世预赛中，他曾作为纳瓦斯的替补出场。第三门将有可能选择埃斯特班·阿尔瓦拉多，但考虑到他的伤病问题，世预赛也被征召过的阿龙·克鲁斯同样有希望挤进名单。

后卫

在中后卫方面，主力右中卫是奥斯卡·杜阿尔特，他会承担更多的正面拦截和防空任务。主力左中卫是弗朗西斯科·卡尔沃，2018年世界杯他打的是左后卫，现在他踢中卫更多地是发挥补防的能力。替补左中卫是胡安·巴尔加斯，他和卡尔沃一样也是左脚。替补右中卫是老将肯德尔·沃斯顿，如果变阵三中卫一般也是沃斯顿进入首发，然后站在卡尔沃和杜阿尔特中间。此外的替补中卫还包括小将丹尼尔·查孔，后腰和中卫他都能胜任。

主力左后卫是罗纳德·马塔里塔，他有着很强的冲击力，身体对抗也不错。轮换的人选是2018年世界杯的主力布赖恩·奥维多，他有着不错的脚下技术，传中比较精准，必要时也可以客串右后卫。主力右后卫是凯谢尔·富勒，他的攻击属性非常强，在边路的突破很犀利，提上来踢边前卫也没问题。但富勒防守意识不佳的短板也很明显，因此替补席上的卡洛斯·马丁内斯也有希望竞争主力。

备选：费尔南·法埃隆、杨·劳伦斯、里卡多·布兰科

中场

主力中前卫组合是耶尔钦·特赫达和塞尔索·博尔赫斯，特赫达会拖得更深一些，在防守端的任务比较重，博尔赫斯则会承担更多的串联梳理工作，他在进攻中还有较强的后插上得分能力。在替补方面，特赫达的替补是奥兰多·加洛，博尔赫斯的替补则是尤斯廷·萨拉斯。

在边前卫方面，主力左边前卫是小将朱伊森·本内特，他有着很灵活的突破能力，洲际附加赛的关键助攻就是由他送出的。主力右边前卫是热尔松·托雷斯，他的身体素质要更出色，攻守也更均衡。主要替补是布赖恩·鲁伊斯，虽然他的跑动能力下滑很多，但送威胁球的能力依然是很出色的。与布赖恩·鲁伊斯特点类似的是小将布兰东·阿吉莱拉，他也是前腰和边前卫都能踢。此外，边路的替补还有主踢右路的卡洛斯·莫拉，以及主踢左路的阿隆索·马丁内斯。

备选：戴维·古斯曼、赫费尔松·布雷内

斯、道格拉斯·洛佩斯、阿龙·苏亚雷斯、兰德尔·莱亚尔、吉米·马林

前锋

在前锋的组合中，安东尼·孔特雷拉斯的位置比较灵活，他会更多地回接、策应，拉边也能踢边前卫。与他搭档的就是洲际附加赛破门的霍埃尔·坎贝尔，他会顶得更加靠前，依靠身体对抗去与对方中卫拼抢一点。主要的替补是踢过2018年世界杯的约翰·贝内加斯，他也是中锋和边前卫都能胜任。另一个主要轮换球员是何塞·奥尔蒂斯，由于他遭受了重伤，因此还需要看他的身体恢复情况。

备选：霍纳坦·莫亚、曼弗雷德·乌加尔德

近年战绩

2019年金杯赛：八强

哥斯达黎加队在2019年金杯赛被分到了很不错的小组，同组对手的纸面实力都低于它。但哥斯达黎加队却意外输给了海地队，以2胜1负位居小组第二，晋级淘汰赛。1/8决赛，哥斯达黎加队与墨西哥队在120分钟内战成1：1，最终，点球大战落败，止步八强。

2021年金杯赛：八强

哥斯达黎加队在小组赛取得三连胜，高居小组第一昂首出线。1/4决赛，哥斯达黎加队对阵加拿大队，最终0：2落败，连续两届金杯赛饮恨八强。

Germany
德国队

全称：德国国家男子足球队
绰号：日尔曼战车
荣誉：1954、1974、1990、2014年世界杯冠军
1972、1980、1996年欧洲杯冠军
2017年联合会杯冠军
队史最佳阵：4–3–3
门将：曼努埃尔·诺伊尔
后卫：菲利普·拉姆、弗朗茨·贝肯鲍尔、保罗·布莱特纳、安德烈亚斯·布雷
中场：洛塔尔·马特乌斯、内策尔、米歇尔·巴拉克
前锋：海茵茨·鲁梅尼格、盖德·穆勒、弗利茨·瓦尔特

球队身价：8.37亿欧元
世界排名：11
出线概率：84.1%
夺冠概率：7.21%
现任教练：汉西·弗里克
现任队长：曼努埃尔·诺伊尔
球队核心：托马斯·穆勒
第一射手：蒂莫·维尔纳
聚焦新星：贾迈勒·穆夏拉

出线之路

德国队在欧洲区预选赛的分组抽签中，只抽到了一支参加了去年欧洲杯正赛的球队，这支球队是北马其顿队，除此之外，小组赛的对手都没有太大的竞争力。然而勒夫率领的德国队在第3轮主场爆冷输给北马其顿队，还是让人惊出了一身冷汗，还好其他的9场比赛它取得了全胜的成绩。弗里克上任后更是豪取7连胜，最终德国队以小组第一的身份直接晋级世界杯正赛。

征战历史

首次参赛年份：1934年
晋级世界杯次数：20次（1934、1938、1954、1958、1962、1966、1970、1974、1978、1982、1986、1990、1994、1998、2002、2006、2010、2014、2018、2022年）
最好成绩：冠军（1954、1974、1990、2014年）

预计首发

战术打法

德国队在汉西·弗里克接手之后主打的是“4231”阵形。弗里克将自己曾经在拜仁慕尼黑执教的成功经验移植到德国队，他改变了尤阿希姆·勒夫执教德国队时期沉缓的传控战术，弗里克带领的德国队在进攻端打得要更加快速。在缺少高中锋的情况下，快速的传接球和高压逼抢是弗里克为德国队所设计的战术思路。德国队的中前场队员在场上有非常灵活的站位，托马斯·穆勒、凯·哈弗茨等球员并没有明确的位置，他们在场上的不断穿插也会令对方的防守顾此失彼。

在面对比自己实力弱一些的对手时，弗里克会在两个边后卫的位置都派上更具进攻性的球员，以达到两翼齐飞的效果。而在德国队面对强敌时，弗里克则会将战术布置得保守一些，有一侧的边后卫会使用防守比较出色的球员，在进攻时这一侧的边后卫也不会太过压上，因此，整体会呈现一种类似三中卫的站位，以实现攻守两端的平衡。

门将

主力门将还是曼努埃尔·诺伊尔，他丰富的经验以及作为队长的精神激励作用依旧很突出。马克·安德烈·特尔施特根还是第二门将，虽然他在世预赛获得了一些轮换登场的机会，但想挤掉诺伊尔打首发几乎是不可能的。第三门将是凯文·特拉普，他在俱乐部有稳定的登场时间，而且还有不错的扑点球能力。而贝恩德·莱诺由于2021—2022赛季在阿森纳队踢不上比赛，他在国家队的顺位也已经落后特拉普了。

备选：奥利弗·鲍曼

后卫

在主力方面，安东尼奥·吕迪格是主力左中卫，他会承担更多的出球职责。尼克拉斯·聚勒则是主力右中卫，虽然他在2022年选择加盟多特蒙德引发了很大的舆论风波，但以汉西·弗里克在世预赛对聚勒的使用来看，聚勒在国家队的位置还是很稳的。第三中卫就是在弗里克上任后得到信任的蒂洛·科雷尔，科雷尔作为后防线多面手，中卫和左右两个边卫都可以胜任。

第四中卫还存在竞争，参加过两届世界杯的马蒂亚斯·金特尔经验更为丰富，但他确实不受弗里克重用，2022年3月的热身赛，德国队只有金特尔一个人没有获得登场机会。小将尼科·施洛特贝克是更有可能的第四中卫，他有着非常优秀的出球能力，但在防守的稳定性上还需要提升。剩下的中卫里，参加过2016年欧洲杯的若纳坦·塔也被弗里克征召过，但从顺位上说，他还是比不过施洛特贝克。而老将马茨·胡梅尔斯在弗里克上任之后完全没有被征召过，虽然弗里克表态国家队的大门并没有对胡梅尔斯关闭，但可以说弗里克已经用实际行动表明胡梅尔斯并不在他的计划之内。

主力左后卫人选现在来看还存在变数，2020欧洲杯的主力罗宾·戈森斯在弗里克上任之初还是首发，但由于2021—2022赛季的伤病，以及在加盟国际米兰之后缺乏比赛时间，他在德国队的位置已经岌岌可危了。在他远离国家队后，戴维·劳姆成了主力左后卫，2021—2022赛季他在德甲的数据非常华丽，但他面临的竞争对手同样在德甲发挥优异，那就是踢了2020欧洲杯的克里斯蒂安·京特尔。2021—2022赛季京特尔和劳姆在德甲联赛都完成了10次以上的助攻，所以在两人状态稳定的情况下，戈森斯确实有可能落选大名单。

主力右后卫应该会使用约纳斯·霍夫曼，边锋出身的他在边卫的位置上有着很强的插上助攻能力，而且也可以随时踢回边前卫的位置。替补选择攻守更平衡的卢卡斯·克洛斯特曼，他的防守要比霍夫曼更出色，因此面对强敌时，弗里克可能会选择让克洛斯特曼首发。此外，在2022年弗里克也多次征召了本杰明·亨里希斯，考虑到霍夫曼也时常会被推回进攻线，亨里希斯还是有希望作为右后卫的轮换人选进入名单的。

备选：罗宾·科赫、马塞尔·哈尔斯滕贝格、里德尔·巴库

后腰

主力后腰首先是乔舒亚·基米希，弗里克始终认为将基米希放在后腰位置上才能发挥他最大的作用，所以应该不会再让基米希去踢右后卫了。与基米希搭档的是莱昂·格雷茨卡，他相比于基米希会有更多的前插，两人在拜仁慕尼黑搭档多年，弗里克非常信任他们。

替补首先是伊尔卡伊·京多安，他的组织能力很突出，并且这两年在前插得分上也有提升。第四后腰此前主要选择的是参加了2020欧洲杯的弗洛里安·诺伊豪斯，他的防守相比于京多安要更出色一些，但弗里克给诺伊豪斯的机会并不多。尤其是在2022年弗里克开始征召高大的防守型后腰安东·施塔赫之后，诺伊豪斯的位置就显得更加危险了。

备选：尤里安·魏格尔、马哈茂德·达胡德、马克西米利安·阿诺德、埃姆雷·詹

前卫

主力前腰还是托马斯·穆勒，弗里克给了他在前场很大的自由度。有些时候，弗里克也尝试过把穆勒放到中锋或者右前卫的位置上。这个时候，空出的前腰位置就由马尔科·罗伊斯来打了。第三前腰就是天才新星弗洛里安·维尔茨，一般换他上来就是加强进攻的信号，弗里克通常会用维尔茨换下一个后腰，然后将阵形变为“4141”。但现在维尔茨需要做的还是尽快养好伤恢复状态。

在两个边路中，右边泽格·格纳布里的主力位置更稳一些，他有着非常强的爆点能力，可以在打不开局面时完成破局。而左路的主力人选，目前看凯·哈弗茨打主力的希望更大，他在德国队的位置非常灵活，前腰、中锋和左右两个边前卫都能踢。哈弗茨在世预赛上打得最多的位置还是左前卫，把近两年状态一般的勒鲁瓦·萨内给挤到了替补席上。但哪怕萨内打不上主力，他在弗里克治下依旧会是替补席上重要的变招，他的冲击力依旧能起到改变战局的效果。

边路主要的替补是贾迈勒·穆夏拉，在德国队，弗里克让他踢边路更多一些，当然穆夏拉也具备来到中路踢前腰和后腰的能力。边路的轮换球员还有冲击力很强的卡里姆·阿德耶米，中锋和边锋他都可以胜任。此外，像主打右后卫的霍夫曼也可以成为边前卫的轮换。

备选：尤利安·布兰特、尤利安·德拉克

前锋

最后的中锋位置，蒂莫·维尔纳获得了弗里克的信任，而且也用表现证明了自己的能力，在弗里克接手球队之后，维尔纳在世预赛踢出场均1球的效率，也凭借这样的表现基本锁定了首发。中锋位置如果需要轮换的话，那就是哈弗茨来代打，毕竟他1.89米的身高具有一定优势，而且在2020欧洲杯上，哈弗茨代打中锋的效果也不错。

此外像穆勒和阿德耶米也都可以踢中锋，因此弗里克可能不会在名单里加上替补正印中锋的名字。世预赛也只征召过卢卡斯·恩梅查，但他的实力相比于哈弗茨差距还是比较大的。

近年战绩

2018—2019赛季欧国联：A级别小组赛出局

首届欧国联比赛中，德国队在A级别比赛中与荷兰队、法国队分在同一个小组，刚刚在前一年世界杯爆冷小组赛出局的德国队持续低迷，4场比赛一场未胜，仅仅收获2场平局，在小组中排名垫底，若不是第二届欧国联扩军，德国队就要降级到B级联赛了。

2020欧洲杯：十六强

德国队在2020欧洲杯上与葡萄牙队、法国队、匈牙利队分在了“死亡之组”，小组赛阶段，德国队输给了法国队，战平了匈牙利队，不过凭借着对葡萄牙队的一场大胜，它成功地以小组第二的身份晋级十六强。1/8决赛碰上人才井喷的英格兰队，德国队遗憾地0：2落败，止步欧洲杯十六强。这也是功勋主帅勒夫带领德国队参加的最后一届大赛。

2020—2021赛季欧国联：A级别小组赛第二

德国队在第二届欧国联A级别比赛中与西班牙队、瑞士队、乌克兰队分在一个小组，6场比赛，它2胜3平1负的成绩还算说得过去，但是最后1轮比赛，它竟然被西班牙队打了个6：0，这场惨败也让球队在本届比赛中蒙羞，最终德国队仅得到小组第二名，无缘晋级决赛。

鑫淼

作为传统的足球强国，德国足球在百年的发展历程中经历了起起伏伏，但是无论在哪一个阶段，德国队总是能用强大的意志力震撼世人。而且德国队在经历低谷之后，往往能迅速完成改变，甚至一飞冲天。

在2002年世界杯上，德国队在不被外界看好的情况下，拿到世界杯亚军。“狮王”卡恩成为那支德国队的代名词。但在这届世界杯上，德国队人才凋零已经是不争的事实，因此4年后在本土举办的世界杯上，德国队刮起了青春旋风。

默特萨克、拉姆、施魏因斯泰格、波多尔斯基等新球员的崛起，让德国队的更新换代完成得非常迅速，最终德国队在2006年世界杯上收获了季军的好成绩。2010年世界杯，德国队又涌现出诺伊尔、博阿滕、赫迪拉和托马斯·穆勒等青年才俊，并且再一次拿到世界杯季军。

4年之后的巴西世界杯，德国队迎来属于这一代球员的巅峰，球队的技术能力也达到了德国足球的顶峰，素质更全面的德国队如愿拿到世界杯的冠军。

不过在那之后，随着老一代球员的退役，德国足球走向了技术流的不归路，因此也迎来低谷期。在2018年世界杯上，德国队甚至在小组赛结束后就打道回府。这个糟糕的成绩，让德国队迅速进入换血期，开始又一次的球员更替。

如今，在主教练弗里克的率领下，德国队已经成为2022年世界杯的夺冠大热门之一。主帅弗里克是这些年足坛战术发展过程中的佼佼者，他能否让德国队打出2020年拜仁慕尼黑那样恐怖的高压足球，这将成为关键。如果成功的话，德国队在我心中就是本届的最大夺冠热门。

正坤

德国队给我留下印象最深的记忆，并不是其在2014年夺得世界杯冠军的辉煌瞬间，而是在2018年它成为韩国队“喀山奇迹”的背景板。

2018年世界杯小组赛第3轮，德国队、瑞典队、墨西哥队和韩国队都还有晋级的可能，也都有出局的可能。对于2014年世界杯冠军德国队来讲，绝大多数人在赛前都看好它可以出线，因为德国队要面对的是小组中实力最弱、仅剩理论上出线机会的韩国队。

德国队只要能击败韩国队，大概率就能晋级淘汰赛，出线难题将留给另外一块场地上的瑞典队和墨西哥队。当时我因为工作任务，只能在电视上看完上半场的比赛，而莫斯科的地铁里没有手机网络信号，因此下半场比赛进程如何不得而知。

我和同伴计算了一下时间，当走出地铁的时候，比赛就要临近尾声，当时我们开玩笑地说，估计那时候德国队已经在庆祝小组出线了。然而等我们从地铁中出来时，手机上的比分推送惊掉了所有人的下巴，韩国队2：0领先德国队，孙兴慜帮助球队锁定胜局。

连续第三届世界杯出现上届冠军小组出局的情况，这在2018年世界杯开赛前几乎是没有任何人可以想到的，因为派出二线阵容的德国队都能拿到联合会杯的冠军，而全主力出战的德国队却以这样耻辱的方式在世界杯上打道回府。

在出了地铁站步行前往球场的过程中，有几个墨西哥球迷疯狂地找我庆祝，随后我才意识到，正是德国队的失利，让墨西哥队哪怕输给瑞典队也拿到了出线权，而那几个墨西哥球迷可能是把我认成了韩国人。从那一天起，德国队就迎来一个低谷期，在这之后，15年的勒夫执教时代也结束了，“德意志战车”需要在弗里克的带领下重新出发。

Japan

日本队

全称：日本国家男子足球队
绰号：蓝武士
荣誉：1992、2000、2004、2011年亚洲杯冠军
队史最佳阵：4-4-2
门将：川口能活
后卫：长友佑都、中泽佑二、井原正巳、奥寺康彦
中场：中村俊辅、中田英寿、本田圭佑、香川真司
前锋：三浦知良、釜本邦茂

球队身价：1.24亿欧元
世界排名：24
出线概率：21.6%
夺冠概率：0.48%
现任教练：森保一
现任队长：吉田麻也
球队核心：南野拓实
第一射手：南野拓实
聚焦新星：久保建英

出线之路

日本队在亚洲区预选赛四十强赛阶段8战全胜，晋级亚洲区预选赛十二强赛阶段。日本队在十二强赛与沙特阿拉伯、澳大利亚两支强队分在了同一个小组，首轮比赛日本队就爆冷输给了阿曼队，次轮1：0小胜中国队之后在第3轮输给了沙特阿拉伯队，此时主帅森保一遭受了巨大的质疑。不过好在日本队及时找回了状态，在拿下6连胜后，以小组第二的身份晋级世界杯正赛。

征战历史

首次参赛年份：1998年
晋级世界杯次数：7次（1998、2002、2006、2010、2014、2018、2022年）
最好成绩：十六强（2002、2010、2018年）

预计首发

战术打法

日本队的战术打法在十二强赛的进行过程中进行了调整。十二强赛初期，森保一主打的是“4231”阵形，使用镰田大地出任前腰，但他的发挥并不出色，导致日本队在十二强赛初期战绩不佳。所以森保一将阵形改为了“433”，在中场使用了三名攻守兼备的球员来增强中场的控制力和拦截能力。变阵之后的日本队在十二强赛的战绩稳步回升，顺利拿到了出线名额，因此，这套“433”阵形是日本队在世界杯上更有可能采用的阵形。

在日本队的进攻当中，左边锋南野拓实会更多地内收来到中路协助串联、组织。而更有威胁的则是伊东纯也所在的右路，作为日本队在十二强赛发挥最出色的球员，伊东纯也的边路突破是日本队打开局面的最主要的方式。由于在阵容中并没有实力出众的高中锋，因此日本队在世界杯上更有可能采取防守反击的打法，通过前场伊东纯也等人出色的单兵作战能力寻找反击的机会。

名单解析

门将

主力门将是权田修一，从2019年亚洲杯开始，他就坐稳了日本队的首发位置，世预赛的发挥也很稳健。第二门将是老将川岛永嗣，虽然在俱乐部踢不上球，但他凭借丰富的经验还是能在国家队有一席之地。第三门将的人选还存在争夺，丹尼尔·施密特是更有可能的选择，参加了2019年亚洲杯的他经验更为丰富。但小将谷晃生也曾多次进入十二强赛的名单，具备淘汰施密特的可能。

后卫

在中后卫方面，富安健洋会踢左中卫，虽然在俱乐部主打右后卫，但在日本队他踢的一直是中卫。与他搭档的是队长吉田麻也，他会承担更多的正面拦截和防空职责，但随着年龄增长，他的移动速度也在变慢。替补首先是板仓滉，脚下技术出色和出球能力强是他的优势。第四中卫是谷口彰悟。在2022年6月首次被征召的年轻中卫伊藤洋辉应该也能利用其多面手的属性进入名单。

主力左后卫依旧是老将长友佑都，他的经验依旧是森保一所看重的，毕竟长友佑都已经参加过三届世界杯了。但长友佑都体能的下降也很明显，森保一经常会把一个换人名额用在左后卫的位置上。替补左后卫是中山雄太，中后卫出身的他相比于长友佑都有着更出色的防守能力。主力右后卫是酒井宏树，他在攻防两端的表现很均衡，而且大赛经验也相当丰富。替补的选择是山根视来，他是一名进攻型边后卫，前插助攻的能力更突出。

备选：植田直通、中谷进之介、昌子源、佐佐木翔、室屋成

中场

三中场里居中的是远藤航，他是日本队防守能力最强的中场。左侧的是守田英正，从防守能力上来说，他是仅次于远藤航的选择，因此，如果远藤航需要轮换，就是由守田英正踢居中的位置。右侧的是田中碧，他是三个人当中进攻属性最强的，十二强赛中也取得过进球。

柴崎岳是中场主要的轮换球员，森保一看重的是他在中场的梳理和串联能力。另外一个主要替补人选是原口元气，他是一个更偏进攻的中场，踢“4231”时也可以打左右两边的边前卫。而十二强赛初期日本队主打“4231”时的主力前腰镰田大地，目前看应该只能作为替补了。

备选：旗手怜央、三好康儿

前锋

关于边路的人选，主力左边锋是南野拓实，他的脚下技术和传威胁球的能力都很突出。主力右边锋是伊东纯也，他出色的速度

和爆发力，无论是阵地战还是反击战，都是日本队最为倚仗的破局利器。在替补方面，替补左边锋是三笘薰，在十二强赛有限的登场时间里，他展现了犀利的突破以及内切打门的能力；替补右边锋是久保健英，他和南野拓实一样，在边路主要是内收的踢法。而在边路具备类似特点的还包括堂安律。

此前的主力中锋大迫勇也，由于在俱乐部发挥不佳，在日本队可能要失去位置了。目前在争夺主力中锋的首先是古桥亨梧，他既能踢左边锋也能踢中锋，有着不错的带球能力。另一个就是在世预赛中同样机会不少的浅野拓磨。

备选：前田大然、上田绮世、奥纳伊乌·阿道、林大地

近年战绩

2019年亚洲杯：亚军

2019年亚洲杯，日本队与乌兹别克斯坦、阿曼、土库曼斯坦三队同组，它以三战全胜的姿态从小组出线，淘汰赛中日本队1：0小胜越南队、3：0横扫伊朗队，决赛面对卡塔尔队，以1：3落败，遗憾收获亚军。

2019年美洲杯：小组赛出局

日本队受邀参加2019年美洲杯，与乌拉圭队、智利队、厄瓜多尔队分在一组，首战0：4不敌智利队，随后连续收获两场平局，排名小组第三，无缘晋级。

2
10
7
12

F组

『黄金一代』迎谢幕，
大师就此绝尘去

比利时　加拿大　摩洛哥　克罗地亚

全景瞭望

详细赛程

第1轮

开球时间	交战双方	比赛场地	观赛指数	进球展望
11月23日 18：00	摩洛哥队 VS 克罗地亚队	海湾球场	★★	≤2
11月24日 03：00	比利时队 VS 加拿大队	艾哈迈德·本·阿里球场	★★★	≤3

第2轮

开球时间	交战双方	比赛场地	观赛指数	进球展望
11月27日 21：00	比利时队 VS 摩洛哥队	阿图玛玛球场	★★★	≥2
11月28日 00：00	克罗地亚队 VS 加拿大队	哈里法国际体育场	★★★	≥2

第3轮

开球时间	交战双方	比赛场地	观赛指数	进球展望
12月1日 23：00	克罗地亚队 VS 比利时队	艾哈迈德·本·阿里球场	★★★★★	≥3
12月1日 23：00	加拿大队 VS 摩洛哥队	阿图玛玛球场	★★	≤2

红牌概率	点球概率	冷门指数	比分预测	球迷预测
31%	58%	★★★★	0 : 0; 0 : 1	□:□; □:□
16%	42%	★★★	0 : 1; 1 : 2	□:□; □:□

红牌概率	点球概率	冷门指数	比分预测	球迷预测
26%	58%	★	2 : 0; 3 : 0	□:□; □:□
65%	22%	★★★★★	1 : 1; 2 : 1	□:□; □:□

红牌概率	点球概率	冷门指数	比分预测	球迷预测
15%	66%	★	1 : 2; 1 : 4	□:□; □:□
54%	12%	★	1 : 0; 1 : 1	□:□; □:□

焦点短评

克罗地亚队VS比利时队

一场重磅较量，2018年世界杯季军比利时队VS2018年世界杯亚军克罗地亚队。两支球队在这四年都经历了人员老化的巨大问题，而两队退步最明显的位置恰恰相反。比利时队的问题出在后防线上，费尔通亨和托比两位老将相比2020欧洲杯又老了一岁，德纳耶尔的表现也不稳定。

克罗地亚队的问题则出在锋线上，曼朱基齐退役后，球队没有特别全面的中锋人选。目前，两队在欧洲的排名已经明显落后于英格兰队、法国队等一流强队，本场比赛，两队的赛果将在一定程度上决定谁是小组第一，小组第一也将意味着能够在淘汰赛有一个更好的签位。

克罗地亚队VS加拿大队

克罗地亚队一方面需要考虑能否与比利时队争夺小组第一，另一方面也要留神同组的加拿大队。在预选赛阶段，表现出色的加拿大队阵中有多名青年才俊，即便整体实力不如克罗地亚队，但青春的朝气恰是老迈的克罗地亚队不具备的。

本场较量将会出现在小组赛第2轮的比赛中，届时将是引人瞩目的对决。加拿大队时隔多年再次晋级世界杯，它必然希望有所作为。克罗地亚队在2018年世界杯扮演着黑马的角色，一路杀到决赛，这一次它需要小心被新晋黑马淘汰。

本组之星

凯文·德布劳内

出生年月：1991年6月28日

德布劳内是比利时“黄金一代”中最杰出的人物，他也是近些年来大部分球迷心中的“当世第一组织型中场”。不过德布劳内一直有一大硬伤，那就是没有欧冠冠军、欧洲杯冠军和世界杯冠军这些重量级的荣誉，这也使他无缘各类重磅的个人奖项。虽然德布劳内在英超的曼城将联赛冠军拿到手软，但是对于年满31岁的他来说，内心对顶级荣誉的渴望已经到达了顶峰。

作者视角

正坤

在这个小组中，比利时队的实力还是要高出一筹的，虽然说比利时队的整体实力相比2018年世界杯时已经有了比较明显的下滑，但是相比同组的另外三支球队，它的优势仍然很大，因此小组出线不会有太大问题。

克罗地亚队这几年的实力下滑同比利时队相比更为明显，新一代球员的整体实力相比于卢卡·莫德里奇等人还是有明显的差距。但是，毕竟队中还是有老将压阵，加之半数左右的球员都参加过2018年世界杯，整体经验比较丰富，出线希望还是要大一些。

摩洛哥队在这一年间比较动荡，哈基姆·齐耶赫与主教练的矛盾一直是影响球队状态的重要因素，如果齐耶赫无法参加世界杯，对摩洛哥队的实力影响还是很大的。而加拿大队虽然在世预赛表现优异，但不可否认的是，它的主场优势提供了很大帮助，所以我认为硬实力一般的它想出线还是比较困难的。

鑫淼

如果看2018年世界杯的战绩，本组甚至要比德国队、西班牙队所在的E组还要有“死亡之组”的味道。毕竟比利时队和克罗地亚队都是2018年世界杯的四强选手。不过经过了四年的发展，两队状态都有一定程度的下滑。

比利时队阵容不平衡的问题相当严重，三流的后防线限制了它的上限。克罗地亚队在2018年世界杯之后，一众功勋球员纷纷退役，莫德里奇虽然实力依然不俗，但是也已经是37岁的高龄球员。因此，两支球队在本小组的出线之路不会那么平坦。

在这种情况下，另外两支球队就有了机会。尤其是加拿大队，它在预选赛力压墨西哥队和美国队排在第一，这就证明了加拿大队的实力不容小觑。

至于摩洛哥队，它有着非洲球队共同的特点：敢打敢拼，面对任何一场比赛都不会轻言放弃。在某种情况下，该小组的出线形势会变得非常混乱。

卢卡·莫德里奇

出生年月：1985年9月9日

不出意外，本届世界杯将有多名“金球先生”参加，除了梅西、C罗这些攻击手之外，莫德里奇是本届世界杯赛场上唯一一名“金球中场”，而且“魔笛”还是2018年世界杯最佳球员。37岁的莫德里奇依然保持着不错的状态，不过与四年前相比，克罗地亚队中出色的帮手少了很多，莫德里奇的担子也变得更重了一些。让我们一起期待莫德里奇在世界杯上的最后征程。

Belgium
比利时队

全称：比利时国家男子足球队
绰号：欧洲红魔
荣誉：1980年欧洲杯亚军
　　2018年世界杯季军
队史最佳阵：4–4–2
　门将：蒂博·库尔图瓦
　后卫：埃里克·格雷茨、文森特·孔帕尼、乔治·格伦、费尔通亨
　中场：埃登·阿扎尔、凯文·德布劳内、威尔弗雷德·范摩尔、恩佐·希福
　前锋：罗梅卢·卢卡库、扬·瑟勒芒斯

球队身价：3.38亿欧元
世界排名：2
出线概率：85.4%
夺冠概率：7.90%
现任教练：罗伯托·马丁内斯
现任队长：埃登·阿扎尔
球队核心：凯文·德布劳内
第一射手：罗梅卢·卢卡库
聚焦新星：夏尔·德克特莱尔

出线之路

比利时队在欧洲区预选赛与威尔士队、捷克队、爱沙尼亚队、白俄罗斯队分在了同一个小组。同组的主要对手是威尔士队和捷克队，这两支球队都是打进了2020欧洲杯淘汰赛的强大对手。不过比利时队发挥十分稳定，除了对阵捷克队和威尔士队的两个客场比赛收获了平局之外，其他6场比赛保持全胜。最终比利时队以6胜2平的不败战绩拿到本小组的第一名，直接晋级世界杯正赛。

征战历史

首次参赛年份：1930年
晋级世界杯次数：14次（1930、1934、1938、1954、1970、1982、1986、1990、1994、1998、2002、2014、2018、2022年）
最好成绩：季军（2018年）

预计首发

战术打法

在罗伯托·马丁内斯成为比利时队主帅之后，比利时队一直主打的是“343”阵形，这套阵形从2018年世界杯到2020欧洲杯一直被沿用，球员对于这套阵形也是非常熟悉。比利时队是一支典型的主打控球的球队，在比赛当中会尽可能地去主导局面，掌控更多的控球权，通过小范围的细腻配合撕开对手的防线。

目前，比利时队的中前场保留了大部分2018年世界杯拿到季军的班底，实力还是比较出众的。但防线上人员老化是现在比利时队所面临的最大的问题，2018年世界杯，比利时队在防守端的表现比较一般，但出色的进攻掩盖了一些它在防守端的问题。但在2020欧洲杯上，比利时队防反击的弱点被进一步暴露，防线移动能力一般，整体压得又比较靠上，在这样的战术打法下，比利时队每场比赛都要多次面临被对方反击威胁球门的风险。

名单解析

门将

主力门将肯定是蒂博·库尔图瓦，他在2021—2022赛季欧冠决赛的发挥给人留下了极为深刻的印象。随着比利时队后卫线的实力下滑，库尔图瓦的发挥对于比利时队也是越发重要。第二门将应该是老将希蒙·米尼奥莱，丰富的经验应该能保证他获得一个去参加世界杯的机会。第三门将是科恩·卡斯特尔斯，不出意外的话，比利时队在门将位置上会跟2018年世界杯保持一致。如果前面三人有谁出现伤病，那2020欧洲杯顶替受伤的卡斯特尔斯参赛的马茨·泽尔斯是有可能入选名单的。

备选：托马·卡明斯基、戴维·勒夫

后卫

虽然比利时队是打三中卫的球队，但正牌的中卫应该只会带4—5人。主力左中卫是扬·费尔通亨，虽然他已经超过35岁，但比利时队中没有人可以取代他的位置。居中的主力球员是贾森·德纳耶尔，他同时还能胜任左中卫，虽然在2020欧洲杯上的表现确实不尽如人意，但罗伯托·马丁内斯依旧还很信任他。主力右中卫则是托比·阿尔德维雷尔德，虽然已经远离了欧洲主流联赛，但他在比利时队的位置依旧稳固。

目前，唯一确定会入选的替补中卫就是戴德里克·博亚塔，他替补登场会踢居中的位置，然后让德纳耶尔平移到左边踢左中卫。左中卫这个位置在世预赛也使用过年轻的球员阿蒂尔·蒂特，但他在国家队的位置还不算特别稳固。而右中卫的轮换，世预赛阿尔德韦雷尔德踢不了的时候，是让蒂莫西·卡斯塔涅从边翼卫的位置撤回来代打，替补后腰莱安德·登东克尔也可以撤回来打右中卫的位置。

备选：沃特·费斯、津霍·范赫伊斯登、布朗东·梅切勒、塞巴斯蒂安·博尔瑙、西贝·范德海登

中场

左边翼卫的两个人选是比较确定的，主力肯定是扬尼克·卡拉斯科，在俱乐部他也主打这个位置，他出色的个人突破能力是比利时队左路进攻驱动的关键。当然如果埃登·阿扎尔状态不好的话，卡拉斯科也可以推上去踢左边锋。这个时候左边翼卫就是由托尔冈·阿扎尔来踢了，托尔冈·阿扎尔在比利时队被固定在左边翼卫的位置，虽然也有很强的助攻能力，但由于卡拉斯科的存在，托尔冈·阿扎尔还是只能担任替补。当然左边翼卫的位置，卡斯塔涅以及主踢边锋的莱安德罗·特罗萨尔也都可以胜任。

右边翼卫应该会带三个人，这里面包含了多面手蒂莫西·卡斯塔涅，右边翼卫算是他主打的位置，也很有可能由他来打主力，不过他也经常要去换位踢左翼卫或者右中

卫。因此，此前的主力右翼卫托马·默尼耶也还是有可能首发的。第三名右翼卫是亚历克西斯·萨勒马克斯，打不开局面的时候可以派他上场来加强进攻，与卡拉斯科类似，他也可以在右路推上去踢边锋。

中前卫的组合，阿克塞尔·维特塞尔肯定还是会占据一个主力位置，他在中场的拦截作用仍然是比利时队内无人能够取代的。与他搭档的则是尤里·蒂莱曼斯，他会作为中场枢纽，承担串联进攻的职责。

在替补方面，防守型后腰的替补是莱安德·登东克尔，主要轮换维特塞尔的位置，而且还能踢中卫。蒂莱曼斯的轮换则是汉斯·瓦纳肯，他在身高达到1.95米的同时，还拥有很细腻的脚下技术，有着很强的送威胁球的能力。剩下两个在世预赛被征召的中前卫，偏进攻型的是丹尼斯·普拉埃，他也参加过2020欧洲杯；防守型的是桑比·洛孔加，但他在俱乐部的表现影响到了他在国家队的顺位。

备选：托马·福凯、奥雷尔·曼加拉、阿马杜·奥纳纳

前锋

先来说边锋，主力左边锋最有可能还是队长埃登·阿扎尔，虽然他在俱乐部的表现确实令人失望，但埃登·阿扎尔毕竟是国家队队长，只要能有巅峰期六七成的水准，估计还是会打首发。主力右边锋则是凯文·德布劳内，虽名为右边锋，但德布劳内的位置是非常灵活的，可以内收、可以回撤，用他出色的拿球和传球能力，不断地为队友们制造机会。

替补边锋的争夺还是非常激烈的，六到七个人争两三个位置。相对来说，发挥一直很稳定的是莱安德罗·特罗萨尔，他既能踢边锋又能踢左边翼卫，是比利时队在世预赛中最主要的轮换边锋。老将德里·默滕斯由于受到伤病的困扰，世预赛机会较少，但考虑到他丰富的大赛经验，默滕斯大概率还是能去世界杯的。而在2020欧洲杯发挥亮眼的小将杰雷米·多库，由于2021—2022赛季频繁受伤，在欧洲杯之后就基本没有再入选过比利时队，因此，落选的风险很大。相比之下，另一位小将夏尔·德克特莱尔在世预赛机会更多，在俱乐部的发挥也比较出色，是有希望进入名单的。

最后的中锋应该会带两到三个人，主力没有悬念，纵使罗梅卢·卢卡库在俱乐部的进球效率并不令人满意，但他在比利时队依旧会是首发。他在进攻当中既能拉边形成突破，又能在中锋的位置上承担一定的支点作用，对于比利时队的进攻体系有着至关重要的作用。在替补方面，米希·巴舒亚伊依旧是首选，在俱乐部他算是重新找回了进球感觉，而且本来马丁内斯就很喜欢使用他，卢

卡库无法登场的时候基本上都是由巴舒亚伊打首发。高中锋克里斯蒂安·本特克应该还是第三中锋，毕竟最后时刻换上他去争高空球的作用还是很大的，但在俱乐部没有登场时间很影响他竞争位置。因此像迪沃克·奥里吉以及小将卢瓦·奥蓬达也是有可能进入名单的。

备选：多迪·卢克巴基奥、阿德南·贾努扎伊、亚里·费尔沙伦、丹特·范齐尔

近年战绩

2018—2019赛季欧国联：A级别小组赛第二

比利时队在首届欧国联赛事中和瑞士队、冰岛队分在了同一个小组，冰岛队虽然位列A级别，但是在这一届比赛时实力已经大幅度下滑，4场比赛全部输球。这样晋级的悬念就在比利时队与瑞士队的两场面对面较量中，两队最终各取1胜，但比利时队因为战绩中的净胜球劣势，遗憾地从小组赛出局。

2020欧洲杯：八强

比利时队在去年的欧洲杯小组赛与丹麦队、俄罗斯队、芬兰队分在了同一个小组，3场小组赛它取得了全胜的战绩，晋级淘汰赛。1/8决赛比利时队对上了欧洲杯“死亡之组”中的第三名——葡萄牙队，凭借着小阿扎尔的“一剑封喉”，它1：0淘汰葡萄牙队晋级八强。1/4决赛，比利时队的对手是最后的冠军意大利队，在这场比赛中，它后防线的问题暴露得一览无余，最终1：2不敌意大利队止步八强。

2020—2021赛季欧国联：四强

比利时队在第二届欧国联比赛与丹麦队、英格兰队、冰岛队分在了一个小组，除了仅输给英格兰队一场比赛外，其他的五场比赛它都取得了全胜的成绩，以小组第一的身份晋级欧国联四强。它在半决赛的对手是强大的法国队，在上半场2：0领先的情况下，比利时队下半场过于保守的思路害了自己，最终被法国队完成了3球的逆转，止步于四强。

鑫淼

大概在十年前，有一张比利时队全明星首发的阵形图在社交媒体上传播得非常火爆，由于当时比利时队的球星都效力于英超联赛，这让我身边的很多英超球迷除了支持英格兰队之外，有了第二支关注的主队。

转眼间，十年的时间已经过去了，比利时队这些年人员也发生了不小的变化，但是在这十年间，像德布劳内、卢卡库这些当时青涩的少年已经成长为世界级的球星，不过很可惜的是，球队一直没能收获冠军。

这十年涵盖两届世界杯和两届欧洲杯，我们可以回顾下这四届比赛，想想比利时队为什么没能拿到冠军。2014年世界杯，比利时队在小组赛阶段3战全胜，1/8决赛直到加时赛阶段才战胜美国队，1/4决赛它碰上第一支强队阿根廷队，被淘汰出局。2016年欧洲杯，比利时队小组赛输给了同组的强队意大利队，在1/8决赛淘汰匈牙利队之后，1/4决赛碰上威尔士队被淘汰出局。

2018年世界杯是比利时队发挥最出色的一次，小组赛最后1轮战胜英格兰队，但英格兰队因为想挑难度更低的下半区的球队，有故意输球的嫌疑。1/8决赛碰上日本队，比利时队也是在0：2落后的悬崖边上逆转晋级。1/4决赛它战胜巴西队，当时巴西队的中场大将卡塞米罗停赛。最终半决赛碰上法国队，比利时队被淘汰出局。

2020欧洲杯，比利时队在小组赛3战全胜，1/8决赛更是淘汰了2016年欧洲杯冠军葡萄牙队，但是1/4决赛碰上意大利队又一次无功而返。纵观比利时队参加的这四届大赛，面对强队的表现非常糟糕，这也就是为什么比利时队的纸面实力再强，也让人们很难看好它夺冠。

正坤

在我开始看球的时候，比利时队并非一支顶级强队，因此，可以说我见证了比利时队崛起的全过程。

比利时队留给我的印象还是2002年世界杯那支在1/8决赛给巴西队制造了很大麻烦的球队，当时比利时队身穿的是一件类似于橙色的球衣，所以当时让我一度对“欧洲红魔”这个绰号产生了疑问。

在2002年世界杯之后，比利时队很长一段时间都没有进入大赛的决赛圈，所以在我的脑海里威尔莫茨一直是比利时足球的代表人物。直到孔帕尼、阿扎尔以及费莱尼等一个又一个比利时球员登上五大联赛的舞台，我才和大多数球迷一样，意识到国际足坛的一支新生力量正在崛起。

2014年世界杯，是比利时“黄金一代”在大赛舞台的初次亮相，当时的凯文·德布劳内还并不被广泛熟知，在解说里还有时会被叫作德布吕纳。当时卢卡库还只是一个21岁的小将，赛前大部分媒体甚至都觉得本特克的缺阵将会给比利时队的锋线带来沉重打击。

当时范比滕和孔帕尼还没有退役，他们组成了比利时队的主力中卫组合，而费尔通亨和阿尔德韦雷尔德只能去打左右边后卫。当时贾努扎伊还是曼联的天才新星，他选择了跟随比利时队参加世界杯。

然而当8年时间过去，一切似乎都变了，短短8年时间，就让一支蒸蒸日上的足坛新势力变成了一支人们眼中状态下滑严重甚至老迈的球队。这就是足球的世界，留给一支国家队的巅峰期可能只有短短两三届大赛，2014年世界杯，比利时队初露头角，2018年世界杯，巅峰期的比利时队最终获得季军，而到了2022年，不再拥有“黄金一代”的“欧洲红魔”，可能很难再去复制2018年世界杯的表现。

Canada
加拿大队

全称：加拿大国家男子足球队
绰号：枫叶军团
荣誉：1985年中北美及加勒比海锦标赛冠军
　　2000年金杯赛冠军
队史最佳阵：4–4–2
　门将：克雷格・弗雷斯特
　后卫：鲍勃・莱纳尔杜齐、罗伯特・亚鲁希、贾森・德沃斯、布鲁斯・威尔森
　中场：保罗・斯塔特里、阿蒂巴・哈钦森、德・古兹曼、阿方索・戴维斯
　前锋：托马斯・拉津斯基、代尔・米切尔

球队身价：1.76亿欧元
世界排名：43
出线概率：25%
夺冠概率：0.01%
现任教练：约翰・赫德曼
现任队长：阿蒂巴・哈钦森
球队核心：阿方索・戴维斯
第一射手：西尔・拉林
聚焦新星：乔纳森・戴维

出线之路

加拿大队在中北美区预选赛的表现非常不错，由于预选赛前的世界排名过低，它不像墨西哥、美国、哥斯达黎加等队能直接参加第三阶段比赛，它需要从第一阶段比赛打起。不过加拿大队表现出色，第一阶段面对加勒比地区一众弱旅4战全胜，晋级下一阶段，第二阶段它又淘汰了两年前曾在金杯赛击败过自己的海地队，顺利进入最后阶段。在第三阶段比赛，加拿大队的发挥依然出色，对阵美国队和墨西哥队时，它取得了1胜1平的不败战绩，最终以中北美区预选赛第一的身份直接晋级世界杯正赛。

征战历史

首次参赛年份：1986年
晋级世界杯次数：2次（1986、2022年）
最好成绩：小组赛（1986年）

预计首发

战术打法

加拿大队在约翰·赫德曼执教下有着非常复杂的战术体系，在防守的时候是“442”阵形，而在进攻时则会切换为“352”阵形。战术切换的关键在于左后卫里奇·拉耶亚，在防守的“442”体系里他会打左后卫，进攻时拉耶亚会前提打中前卫，把左路走廊完全留给阿方索·戴维斯，然后右边后卫阿利斯泰尔·约翰斯顿内收变右中卫，右前卫塔琼·布坎南变为右边翼卫，这样就完成了从“442”到“352”的切换。

当然在面对不同的对手时，赫德曼有时也会采取更有针对性的阵形，如果左后卫使用顺足的萨姆·阿德库贝，就是标准的“442”阵形，在比赛里不会有很频繁的阵形切换，这是更具攻击性的战术打法。而如果在面对强敌时，赫德曼可能会撤下一名前锋，然后让阿德库贝和拉耶亚两名边卫同时登场，分别打左右边翼卫，将阵形变为“343”，以增强防守能力。

名单解析

门将

主力门将是米兰·博里扬，经验丰富的他在俱乐部表现非常出色，世预赛也曾多次上演关键扑救。第二门将是马克西姆·克雷波，2021年10月，博里扬无法登场的时候就是由他顶替。第三门将大概率会选择戴恩·圣克莱尔，他在世预赛进入名单次数较多，也获得过1次出场机会，极有可能拿到这个位置。

备选：雅姆·庞泰米、杰森·洛伊特维勒

后卫

在中后卫方面，主力左中卫是卡迈勒·米勒，他会承担更多的上抢职责。与他搭档的是史蒂文·维托利亚，身高1.95米的他是防空的保障。在替补方面，米勒的替补是斯科特·肯尼迪，还能踢后腰的他在出球上有不错的水准。维托利亚的替补则是多尼尔·亨利，相比于维托利亚，他的防空能力要逊色一筹。

主力左后卫是里奇·拉耶亚，左右边后卫和左右边前卫他都能胜任，均衡的左右脚技术和出色的盘带能力是他能踢多个位置的保证。替补是萨姆·阿德库贝，他是一个纯正的左后卫。

主力右后卫是阿利斯泰尔·约翰斯顿，进攻时作为右中卫的约翰斯顿还会承担一些出球的工作。在替补方面，如果约翰斯顿需要被轮换，那就是拉耶亚踢右后卫，此前征召过的正牌右后卫扎卡里·布罗·吉亚尔进入名单的概率是比较低的。

备选：德里克·科尔内留斯、克里斯蒂安·古铁雷斯

中场

中前卫的组合，斯蒂芬·欧斯塔基奥会拖在比较深的位置充当进攻发牌器。他的搭档是老队长阿蒂巴·哈钦森，但由于他的年龄比较大，体能状态确实不如从前。因此这个位置还可能会选择马克·安东尼·卡耶首发。欧斯塔基奥的替补是萨米埃尔·皮耶特，与他竞争这个位置的是小将伊斯梅尔·科内，在皮耶特受伤期间，科内完成了国家队首秀。

剩下两个中前卫是更偏进攻型的球员，乔纳森·奥索里奥的位置非常多变，可以踢中前卫，也可以轮换至边前卫乃至前锋。另一个有类似作用的是戴维·沃瑟斯庞，但他遭受重伤，能否参加世界杯还要打一个问号。

在边前卫方面，主力左边前卫是阿方索·戴维斯，他出众的实力让赫德曼对他非常信任，因此，赫德曼经常变换他的位置，有时换到右路内切打门，有时踢前锋充当反击的爆点。右路首发的塔琼·布坎南也有着和阿方索·戴维斯类似的特点。边路的第一

替补是朱尼尔·霍伊莱特，除了这三人，其他边路球员很少获得入选机会，利亚姆·米勒是最接近进入名单的人选。

备选：利亚姆·弗雷泽、雅各布·沙费尔博格

前锋

双中锋人选首先是乔纳森·戴维，他是一个很全能的中锋，不仅有不错的射术，还可以回撤帮助中场串联。他的搭档是西尔·拉林，1.88米的身高赋予了他出色的对抗能力，同时他的跑动速度也不慢，是非常优秀的反击型前锋。替补首先是卢卡斯·卡瓦利尼，他是一个门前嗅觉不错的抢点型前锋。另一个替补则是身体素质出众的伊凯·乌格博。

备选：夏尔·安德烈亚斯·布兰

近年战绩

2019年金杯赛：八强

2019年金杯赛加拿大队与墨西哥、马提尼克、古巴三队同组，它在小组赛的三战中2胜1负，打进12球，以小组第二的身份晋级淘汰赛。1/4决赛中，加拿大队面对海地队，在2：0领先的情况下，被对手连入三球逆转，饮恨赛事八强。

2021年金杯赛：四强

加拿大队与冤家海地队分在了一个小组，同组对手还有美国队和马提尼克队。小组赛阶段，加拿大队4：1复仇海地队，2胜1负，以小组第二出线。淘汰赛阶段，加拿大队2：0击败哥斯达黎加队，半决赛1：2不敌墨西哥队，止步四强。

Morocco

摩洛哥队

全称：摩洛哥国家男子足球队
绰号：阿特拉斯雄狮
荣誉：1976年非洲杯冠军
队史最佳阵：4-4-2
门将：扎基·巴杜
后卫：阿什拉夫·哈基米、马德希·贝纳蒂亚、诺雷丁·奈贝特、埃尔·哈德里奥伊
中场：穆斯塔法·哈吉、阿布德尔马基德·多尔米、阿齐兹·布德巴拉、穆罕默德·蒂穆米
前锋：拉尔比·本巴雷克、艾哈迈德·法拉兹

球队身价：2.4亿欧元
世界排名：23
出线概率：31.2%
夺冠概率：0.01%
现任教练：瓦利德·勒格拉吉
现任队长：罗曼·赛斯
球队核心：阿什拉夫·哈基米
第一射手：优素福·恩内斯里
聚焦新星：伊兹丁·乌纳希

出线之路

摩洛哥队在非洲区预选赛第二阶段的小组赛中，与几内亚比绍队、几内亚队、苏丹队分在了同一个小组。6场比赛，摩洛哥队打进20球仅丢1球，收获了全胜的战绩，以小组第一的身份进入预选赛最后阶段。在非洲区预选赛最后一关的一对一淘汰环节中，摩洛哥队抽到了巴坎布领衔的民主刚果队，最终，它以两回合5：2的比分轻松战胜对手，晋级世界杯正赛。

征战历史

首次参赛年份：1970年
晋级世界杯次数：6次（1970、1986、1994、1998、2018、2022年）
最好成绩：十六强（1986年）

预计首发

战术打法

摩洛哥队在2022年8月进行了换帅，此前与哈基姆·齐耶赫爆发矛盾的主帅哈利霍季奇被解雇。摩洛哥足协选中的新任主帅是在摩洛哥国内执教的瓦利德·勒格拉吉。但现在距离世界杯开赛只剩下非常少的时间，因此勒格拉吉应该不会对哈利霍季奇此前主打的体系做太多的调整，三中卫、五后卫的体系仍然是首选。

当然在需要加强进攻时，摩洛哥队仍然可以变阵为“433”，撤下一名中卫，然后在锋线上再增加一名球员；或者是多上一名中场，变阵为世预赛初期摩洛哥队所主打的“4312”阵形。对于目前的摩洛哥队来说，整体的战术体系已经基本打磨成型，因此，在哈基姆·齐耶赫以及努塞尔·马兹拉维在回归之后，摩洛哥队应该也不会大幅度地调整战术。

名单解析

门将

主力门将是亚辛·布努，2018年世界杯他只能枯坐板凳，这一次终于迎来了打主力的机会，这两年他在西甲将近一半的场次都能实现零封。第二门将是2018年世界杯的主力穆尼尔·穆罕默迪，虽然被布努抢走了主力，但丰富的经验还是能让他进入名单。第三门将还存在争夺，阿纳斯·兹尼提是更有可能的人选，2021年阿拉伯杯他就是主力，但2018年世界杯的第三门将艾哈迈德·塔格纳乌提也还有机会与他竞争。

后卫

在中后卫方面，罗曼·赛斯是三中卫里居中的人选，他会承担主要的出球任务。左中卫是纳伊夫·阿盖尔德，他有出色的争头球能力，防空和定位球得分的能力也都不错。右中卫是萨米·马伊，他还能胜任防守型后腰，但如果变阵四后卫，他就会被撤下。第四名中卫还存在争夺，贾瓦德·亚米克是更有可能的人选，但在世预赛同样打过主力的苏菲安·沙克拉也能与他竞争。

在主力左边翼卫亚当·马西纳因为重伤无缘世界杯之后，摩洛哥队很可能会采取2019年非洲杯采用过的阵形，让阿什拉夫·哈基米出任左边翼卫，这样的话，努塞尔·马兹拉维也就可以进入首发，出任右边翼卫。两个边翼卫的助攻能力对于摩洛哥队的进攻非常重要，尤其是阿什拉夫，2021非洲杯更是两次任意球直接破门。在替补方面，左右边后卫都能胜任的苏菲安·阿拉库什应该会获得一些轮换的机会。

备选：苏菲安·卡鲁阿尼、叶海亚·阿拉、穆罕默德·希比、阿尤布·阿姆卢德

中场

主力中场居中的是苏菲安·阿姆拉巴特，他会承担主要拦截工作。主力右中场是萨利姆·阿马拉，他有着比较强的串联梳理能力。主力左中场应该会选择伊姆兰·卢扎，他是三个中场里进攻时压得最靠上的人，但在2022年3月世预赛发挥出色的伊兹丁·乌纳希也有希望挑战他的主力位置。

中场两侧的轮换球员包括踢了2018年世界杯的费萨尔·法伊尔，以及世预赛前期的主力艾曼·巴尔科克。而像老将阿德尔·塔拉布特就不一定能入选了。中场还有一个比较特殊的轮换球员是伊利亚斯·谢尔，他登场的话，摩洛哥队就会变阵“4312”，谢尔来出任前腰。

备选：叶海亚·贾卜兰、优素福·马莱赫

前锋

锋线组合中，优素福·恩内斯里会顶得更靠前，他有着非常突出的头球能力，也可以拉边策应。他的轮换人选是世预赛状态非常出色的阿尤布·卡比。另一个前锋本来会

使用塔里克·提苏达利，但在他遭遇重伤之后，可以期待一下哈基姆·齐耶赫重新回到队中打主力。轮换的人选则是瑞安·马伊，一个身体素质出色的反击型前锋。

此外还有两个锋线球员更擅长踢边锋，苏菲安·布法勒是替补席上很重要的火力输出点。还有穆尼尔·哈达迪，但在被摩洛哥队归化之后他并不受重用，阿明·阿里可能会与他竞争替补位置。

备选：扎卡里亚·阿布赫拉勒、苏菲安·拉希米、伊兹·阿布德、阿什拉夫·本沙尔基

近年战绩

2019年非洲杯：十六强

摩洛哥队在2019年非洲杯与科特迪瓦、南非、纳米比亚三队同组，它以3战全胜、0失球的傲人战绩晋级淘汰赛。1/8决赛面对贝宁队，在120分钟内双方打成1：1，但在点球大战中摩洛哥队1：4不敌对手，遗憾出局。

2021非洲杯：八强

再度征战非洲杯，摩洛哥队与加蓬、科摩罗、加纳三队同组，在小组赛中它2胜1平以小组头名出线。1/8决赛摩洛哥队2：1战胜对手晋级，1/4决赛1：2被本届赛事亚军埃及队逆转，止步八强。

Croatia
克罗地亚队

全称：克罗地亚国家男子足球队
绰号：格子军团
荣誉：2018年世界杯亚军
队史最佳阵：4-3-3
门将：弗拉基米尔·贝拉
后卫：达里奥·斯尔纳、伊维卡·霍瓦特、维利米尔·扎耶克、罗伯特·贾尔尼
中场：卢卡·莫德里奇、兹沃尼米尔·博班、罗伯特·普罗辛内斯基
前锋：斯捷潘·博贝克、达沃·苏克、贝尔纳多·武卡斯

球队身价：3.59亿欧元
世界排名：15
出线概率：58.9%
夺冠概率：2.31%
现任教练：兹拉特科·达利奇
现任队长：卢卡·莫德里奇
球队核心：卢卡·莫德里奇
第一射手：安德烈·克拉马里奇
聚焦新星：约什科·格瓦迪奥尔

出线之路

克罗地亚队是欧洲区预选赛所有直接晋级世界杯的球队中形势最为凶险的一支，它与俄罗斯队、斯洛伐克队、斯洛文尼亚队等分在了同一个小组，第1轮它就爆冷输给了斯洛文尼亚队，之后在第4轮又战平了俄罗斯队。随后虽然克罗地亚队保持着不错的战绩，但由于俄罗斯队的表现同样出色，在最后1轮对阵俄罗斯队的比赛前，它还落后俄罗斯队2分，只有打赢才能直接晋级。最终，克罗地亚队凭借着俄罗斯队队员库德里亚绍夫的乌龙球，1∶0惊险地击败对手，以1分的优势晋级世界杯正赛。

征战历史

首次参赛年份：1998年
晋级世界杯次数：6次（1998、2002、2006、2014、2018、2022年）
最好成绩：亚军（2018年）

预计首发

战术打法

虽然克罗地亚队在2018年世界杯之后出现了比较大的实力下滑，但是由卢卡·莫德里奇领衔的中场线仍然具备顶级水平，因此，主帅兹拉特科·达利奇主打的仍然是“433”阵形，希望通过三名中场出色的能力，来帮助克罗地亚队实现对于比赛的控制。现在克罗地亚队主打的是地面进攻，在失去马里奥·曼朱基奇之后，克罗地亚队的常规首发当中便没有高中锋的配置了，安德烈·克拉马里奇是一个更愿意发起地面进攻的技术型前锋。

在2022年的友谊赛当中，达利奇也尝试过变阵为“352”阵形，增加一个中后卫，然后让伊万·佩里西奇直接打左边翼卫的位置，希望通过增加后场人数来稳固防守。不过试验的效果只能说一般，在进攻端的队员对这样一套体系也不是很适应，因此，这套三中卫的打法应该只会是克罗地亚队在世界杯上的备选方案。

名单解析

门将

主力门将会沿用2020欧洲杯的首发多米尼克·利瓦科维奇。而第二门将应该是在2021年9月取代利瓦科维奇打过首发的伊维察·伊武西奇，在联赛里稳定的发挥是他最大的优势。而世预赛也首发过的伊沃·格尔比奇，需要在俱乐部获得稳定的登场时间，以确保他第三门将的位置。在2022年6月首次被征召的内迪利科·拉布罗维奇也在冲击第三门将的位置。

备选：苏菲安·卡鲁阿尼、叶海亚·阿拉、穆罕默德·希比、阿尤布·阿姆卢德

后卫

在中后卫方面，左中卫会选择新星约什科·格瓦迪奥尔，2020欧洲杯他打的是左后卫，但从世预赛来看，他已经取代多马戈伊·维达成为左中卫的首选。主力右中卫还是德扬·洛夫伦，虽然在世预赛这个位置经常轮换球员，但到了关键比赛，达利奇的首选依旧是洛夫伦。替补左中卫是维达，虽然能力下滑，但他的经验还是很丰富的。替补右中卫则是也参加过2018年世界杯的杜耶·察莱塔·查尔。考虑到达利奇有变阵三中卫的可能，因此像马林·庞格拉契奇等中卫也有机会。

主力左后卫是博尔纳·索萨，他在世预赛很快确立了首发地位。替补左后卫是此前的主力人选博尔纳·巴里希奇，在变阵三中卫时他还可以踢左中卫。主力右后卫是约瑟普·尤拉诺维奇，2020欧洲杯他就已经坐稳了首发。在替补方面，西梅·弗尔萨利科在欧洲杯之后机会很有限，小将约瑟普·斯塔尼希奇有希望与他竞争一个替补席位。

备选：米莱·什科里奇、马丁·埃尔利奇、约瑟普·舒塔洛、菲利普·乌雷莫维奇

中场

三中场居中的是马塞洛·布罗佐维奇，他会承担比较多的防守任务。右侧的是卢卡·莫德里奇，他是最主要的拿球人，活动范围也非常大，为队友创造机会的同时还能后插上得分。左侧的是马泰奥·科瓦契奇，他与莫德里奇共同承担组织进攻的任务。

中场两个主要的替补，首先是马里奥·帕沙利奇，他是一个擅长进攻的中场球员，主要轮换中场两侧的位置；另外一个是克里斯蒂扬·亚基奇，他更擅长防守，因此轮换的也是居中的位置。

剩下最有可能进入名单的是洛夫罗·马耶尔，他可以胜任左中场、右中场，也可以踢右边锋。与他竞争的是特点很相似的卢卡·伊万努舍次。

备选：尼古拉·莫罗、卢卡·苏契奇

前锋

在边锋方面，主力左边锋是伊万·佩里

西奇，他现在依旧是克罗地亚队进攻中最重要的火力输出点。右路则会使用尼古拉·弗拉西奇，他的踢法更类似于边前腰，会更多地内收到禁区弧顶，参与进攻。在替补方面，首先是米斯拉夫·奥尔西奇，和佩里西奇一样，他也是一个爆点型边锋，变阵三中卫时也可以踢边翼卫。右路的轮换人选则是约瑟普·布雷卡洛，需要加强进攻时，他甚至可以打四后卫里的右边后卫。

主力中锋是安德烈·克拉马里奇，由于他的个头儿不高，所以在争抢高空球上不具备优势，但除此之外，他算是一个非常出色的全能型中锋了。替补可以选择高中锋安特·布迪米尔，此外还可以选择兼具前腰属性的马尔科·利瓦亚。

备选：布鲁诺·佩特科维奇、安东尼奥·乔拉克

近年战绩

2018—2019赛季欧国联：A级别小组赛第三

首届欧国联比赛，克罗地亚队与英格兰队、西班牙队同组，它1胜1平2负，位居小组第三，若不是下届欧国联迎来扩军，“格子军团”将会降级到B级别小组。

2020欧洲杯：十六强

2020欧洲杯，克罗地亚队的小组对手有英格兰队、捷克队和苏格兰队，“格子军团”在小组赛1胜1平1负，位列小组第二出线。1/8决赛克罗地亚队3：5不敌西班牙队，遗憾止步十六强。

2020—2021赛季欧国联：A级别小组赛第三

第二届欧国联，克罗地亚队与法国队、葡萄牙队和瑞典队同组，它在小组赛中1胜5负，仅依靠净胜球优势力压瑞典队位列第三，避免处于降级的窘境。

BRASIL
10
13
18
RESPECT
1

G组

三强突围难预料，『桑巴军』一枝独秀

巴西　塞尔维亚　瑞士　喀麦隆

详细赛程

第1轮

开球时间	交战双方	比赛场地	观赛指数	进球展望
11月24日 18:00	瑞士队 VS 喀麦隆队	贾努布球场	★★	≤2
11月25日 03:00	巴西队 VS 塞尔维亚队	卢塞尔球场	★★★★	≥3

第2轮

开球时间	交战双方	比赛场地	观赛指数	进球展望
11月28日 18:00	喀麦隆队 VS 塞尔维亚队	贾努布球场	★★	≥2
11月29日 00:00	巴西队 VS 瑞士队	974球场	★★★★★	≥2

第3轮

开球时间	交战双方	比赛场地	观赛指数	进球展望
12月3日 03:00	塞尔维亚队 VS 瑞士队	974球场	★★	≤2
12月3日 03:00	喀麦隆队 VS 巴西队	卢塞尔球场	★★★★	≤3

红牌概率	点球概率	冷门指数	比分预测	球迷预测
80%	20%	★★	1 : 0；1 : 1	□:□；□:□
5%	69%	★	3 : 0；4 : 0	□:□；□:□

红牌概率	点球概率	冷门指数	比分预测	球迷预测
26%	45%	★★★	1 : 1；2 : 1	□:□；□:□
54%	77%	★★★★	1 : 1；1 : 2	□:□；□:□

红牌概率	点球概率	冷门指数	比分预测	球迷预测
14%	23%	★★	0 : 0；1 : 1	□:□；□:□
35%	19%	★	0 : 2；0 : 3	□:□；□:□

焦点短评

巴西队VS瑞士队

两支球队在2018年世界杯就被分在了同一个小组，当时在首轮相遇的两队打得难解难分。巴西队在开场20分钟就由库蒂尼奥打进了一粒精彩的进球，但是除此之外，瑞士队的针对性防守没有给巴西队太多的机会，并且瑞士队在下半场刚刚开场就扳平了比分。能够逼平五星巴西队，瑞士队的实力不容小觑。

时间过去四年，瑞士队在这四年间的发挥非常稳定，在欧洲杯上淘汰2018年世界杯冠军法国队，在随后的世预赛又淘汰了2020欧洲杯冠军意大利队，防守出色的它是任何强队都不想碰到的对手。巴西队这四年间又涌现了不少的新星，不过中锋位置依然是其短板，这将会让它对阵瑞士队的比赛显得更加的艰难。

塞尔维亚队VS瑞士队

塞尔维亚队在2018年世界杯同样与巴西队、瑞士队分在同一小组，但是它排在小组第三遗憾出局。出局的重要原因就是在对阵瑞士队的比赛中，塞尔维亚队在先进一球的情况下被瑞士队逆转，沙奇里在最后时刻攻入的绝杀球以及他颇为争议的庆祝动作，让塞尔维亚队和瑞士队结下梁子。本次两队的交手放在了小组赛的最后1轮，本场比赛很有可能会成为双方的出线“生死战”，这让人无比期待这场充满各种情绪的焦点之战。

本组之星

内马尔

出生年月：1992年2月5日

时间过得飞快，那个曾经意气风发的少年，如今已经30岁了。对于内马尔来说，这或许不是他的最后一届世界杯，但一定是他最后一届以巅峰水平参加的世界杯。在俱乐部内马尔带队获得多个联赛冠军，但却常年与欧冠冠军无缘，这让他的巨星层级一直难以再上一个台阶。能不能率领巴西队时隔二十年再圆梦，将决定着内马尔在足坛历史长河中能否留下属于自己的一个位置。

作者视角

正坤

这个小组的出线形势比较扑朔迷离，巴西队的实力相较同组其他对手确实是要更胜一筹，但面对瑞士队和塞尔维亚队这两支来自欧洲的劲旅，巴西队的压力也不小，不过从小组出线应该没有问题。

瑞士队和塞尔维亚队之间的争夺显得尤为关键，两支球队实力相差非常小，瑞士队球风更硬朗，防守更出众，塞尔维亚队则是有着更为出色的进攻线，相对来说我更看好瑞士队，毕竟它在2020欧洲杯上淘汰了法国队，大赛经验更丰富的瑞士队在我看来更能顶住压力。

喀麦隆队的实力相比于前面三支球队就明显要逊色一些，我认为在本届世界杯上，喀麦隆队的主要任务还是终结它在世界杯小组赛的三连败纪录，这一次至少要完成拿分的目标，但想从小组出线，在我看来可能性是非常低的。

鑫淼

本小组是我认为非常具有死亡气息的一个小组。

巴西队是大家心中的“足球王国”。但巴西队上一次夺得世界杯冠军，已经是在遥远的2002年。在那之后，每一届世界杯，巴西队都是夺冠热门，但是结果却总是不让球迷满意。可以毫不夸张地说，巴西队的统治力，其实已经大不如前。当然占据一个出线名额应该没有什么问题。

瑞士队可以排出一套全部效力于德甲的班底，而且球员类型比较齐全，2020欧洲杯上它甚至在落后两球的情况下逆转淘汰了大热门法国队，预选赛又力压欧洲杯冠军意大利队直接晋级世界杯，这样的实力让你很难忽视它。

塞尔维亚队在预选赛阶段与葡萄牙队杀得难解难分，三条线也都派上了实力干将。即使是小组中最弱的喀麦隆队，也是不能忽视的存在。所以综合来看本小组变数极大。

杜尚·弗拉霍维奇

出生年月：2000年1月28日

22岁的弗拉霍维奇是一位兼具身体强壮、速度快、技术出色等特点的新时代顶级中锋，他在意甲联赛已经打出了自己的一片天地，2021年他以超过8000万欧元的身价加盟到了意甲豪门尤文图斯。但是想要征服世界杯大舞台是另一个级别的难度，如果能够在卡塔尔这片土地上发挥出色，绽放出耀眼的光芒，弗拉霍维奇将能够成为被大家所公认的顶级神锋。

Brazil

巴西队

BRASIL

全称：巴西国家男子足球队

绰号：桑巴军团

荣誉：1958、1962、1970、1994、2002年世界杯冠军
1919、1922、1949、1989、1997、1999、2004、2007、2019年美洲杯冠军

队史最佳阵：4-4-2

门将：吉尔马尔

后卫：卡洛斯·阿尔贝托、达吉亚、阿尔代尔、罗伯托·卡洛斯

中场：加林查、迪迪、济科、罗纳尔迪尼奥

前锋：罗纳尔多、贝利

球队身价：10亿欧元

世界排名：1

出线概率：85.4%

夺冠概率：15.73%

现任教练：蒂特

现任队长：内马尔

球队核心：内马尔

第一射手：内马尔

聚焦新星：维尼修斯·儒尼奥尔

出线之路

巴西队在南美区预选赛展现了高人一筹的水平，前9场比赛它都取得了胜利，这让它在随后的比赛中能够从容地磨合阵容。最终在17场预选赛（主场对阿根廷队的比赛因故取消）中，巴西队取得了14胜3平的不败战绩，最终它领先排名第二的阿根廷队6分，以南美区预选赛第一的身份晋级世界杯正赛，巴西队也继续保持着世界杯历史上从未缺席正赛的纪录。

征战历史

首次参赛年份：1930年

晋级世界杯次数：22次（1930、1934、1938、1950、1954、1958、1962、1966、1970、1974、1978、1982、1986、1990、1994、1998、2002、2006、2010、2014、2018、2022年）

最好成绩：冠军（1958、1962、1970、1994、2002年）

预计首发

战术打法

蒂特执教的巴西队主打的一直是“4231”阵形，由于一直没有出现完全达到蒂特要求的中锋球员，所以从世预赛后期开始，蒂特开始尝试让内马尔打中锋的阵形。在这样的阵形里，内马尔可以和维尼修斯更好地共存。虽然内马尔在阵形里站的是中锋的位置，但是在场上他与队友会有非常频繁的换位，并且他也会经常回撤或者拉边拿球，主导巴西队的进攻。所以作为球队的绝对核心，内马尔的表现好坏也会直接决定巴西队在场上所呈现的状态。

当然，如果蒂特要派上正印中锋的话，会选择里沙利松，回归到2021年美洲杯巴西队所主打的阵容，在这套体系里内马尔就会成为前腰，直接站在中路成为全队的进攻枢纽。而帕奎塔则会平移到左路，维尼修斯则大概率会被放到板凳席上。这套阵容在之前被频繁地使用，但在维尼修斯有了长足的进步之后，以内马尔打中锋的阵形会成为蒂特的首选。

名单解析

门将

主力门将可能会选择阿利松·贝克尔，虽然在2021年美洲杯，他由于状态问题打了替补，但之后的世预赛他还是夺回了主力位置，再加上2018年世界杯的主力经验，2022年世界杯还是他打首发的概率极大。埃德森·莫赖斯虽然在2021年美洲杯上代替了阿利松，但从之后的世预赛的使用上来看，他的顺位还是要稍稍落后一些，大概率还是第二门将。第三门将的人选则是维瓦尔顿，2021年9月，在阿利松和埃德森都无法出战的情况下，就是维瓦尔顿首发打了3场世预赛。如果上述3名门将有谁受伤的话，2020年奥运会巴西队夺冠的主力门将桑托斯将有机会入选。

备选：埃弗森、加布里埃尔·格兰多

后卫

在中后卫方面，马基尼奥斯肯定会是主力，除了防守出众，他在定位球进攻中还有着不错的得分能力，世预赛也有进球入账。他的搭档还是老将蒂亚戈·席尔瓦，两人当年一起在巴黎圣日耳曼效力时，就有着出色的默契。当然考虑到蒂亚戈·席尔瓦随着年龄的增长，体能已经有了下滑，埃德尔·米利唐作为第三中卫也经常能在世预赛获得登场机会，到了2022年世界杯应该也会获得轮换的时间。第四中卫则还存在争夺，2021年巴西队征召较多的是卢卡斯·韦里西莫，他在世预赛也获得了一些机会，但是由于十字韧带断裂，他的位置在2022年被加布里埃尔取代。因此在韦里西莫复出前，他和加布里埃尔应该还会对这个位置展开争夺。

左后卫现在是四名球员争夺两个位置，主力人选还是非常固定的，阿莱士·桑德罗只要没有伤病影响就肯定是主力左后卫。虽然桑德罗在俱乐部状态一般，但从能力和经验上来说，他确实比几个替补值得信任。替补左后卫有三个人在竞争，2022年征召较多的是阿莱士·特莱斯，他擅长进攻的优点让他在争夺战中稍稍领先，但还需要在俱乐部有更稳定的表现。跟特莱斯竞争的是吉列尔梅·阿拉纳，他也是一个更偏进攻型的左后卫，世预赛也获得了一些登场时间，所以也不排除蒂特把这三名左后卫都带进名单的可能性。而雷南·洛迪在2021年美洲杯之后就再也没代表巴西队出过场，2021年美洲杯上令人失望的表现让他失去了在国家队的位置。

右后卫是三名队员竞争两个位置，主力人选是达尼洛，由于身处右前卫的拉非尼亚是个喜欢拉边的球员，所以达尼洛在进攻中常常会向中路内收，客串一下边后腰，帮助中场串联、梳理，这也是他在俱乐部很熟悉的踢法，毕竟在俱乐部也踢过后腰。在替补方面，埃莫松本来在2021年已经基本坐稳了替补右后卫的位置，但几次国家队出场表现确实一般，重新给了老将达尼·阿尔维斯机会，阿尔维斯在2021年底回归巴萨后的表现，让他重新回到了国家队。因此蒂特现在确实更倾向于让阿尔维斯再踢一届世界杯，毕竟他丰富的经验是埃莫松绝对无法比拟的，而且他也更适应边后腰的踢法。

备选：费利佩、米兰达、莱奥·奥尔蒂斯、布雷默

后腰

双后腰的组合，卡塞米罗还是首发，他在中场的拦截对于球队非常关键，与他搭档的是弗雷德，他会有更多的跑动和前插，对进攻帮助比较大。卡塞米罗的替补是法比尼奥，他的特点与卡塞米罗比较类似，因此蒂特在世预赛从来没有让他和卡塞米罗一起首发过，更多还是把他放在替补席上。第四后腰应该会选布鲁诺·吉马良斯，由他来担任弗雷德的替补，发挥进攻优势。

备选：热尔松、埃德尼尔松、道格拉斯·路易斯、阿图尔

前卫

主力前腰是卢卡斯·帕奎塔，蒂特把内马尔推到中锋位置后，前腰就一直由帕奎塔来打，他是巴西队中前场除了内马尔之外主力位置最稳的，2021年美洲杯之后的12场世预赛，帕奎塔打了11场首发。帕奎塔在中前场的位置很灵活，可以回撤打后腰，也可以拉到左边取代维尼修斯。替补前腰是菲利佩·库蒂尼奥，虽然在俱乐部不错的发挥让他重新回归国家队，但他现在的定位只是加强进攻的后手，打主力的概率已经比较低了。

在边路方面，左路是维尼修斯首发，虽然此前蒂特更多地是让他打替补，但维尼修斯凭借着2021—2022赛季的表现，让蒂特逐渐把重心倾向于他。把内马尔推到中锋位置，让维尼修斯打左前卫，这也是目前来看最好的可以让内马尔和维尼修斯共存的方式。主力右前卫是拉菲尼亚，在2021年入选巴西队之后，他很快就赢得了蒂特的信任。拉菲尼亚在右路有着很强的内切突破能力，爆点作用非常突出。因此加布里埃尔·热苏斯应该只能打替补了，或者回到中锋的位置再去争一争，但尴尬的是，这两个位置他都不是蒂特的首选，在世预赛中，他也表现不佳，一球未进。

世预赛登场较多的边锋还有安东尼，他两个边路都能踢，冲击力很强，是非常重要的替补变招。而两位在2021—2022赛季表现不错的小将，罗德里戈和加布里埃尔·马丁内利，也有希望进入最终的大名单。

备选：埃弗顿·里贝罗

前锋

主力中锋是内马尔，当然他并不是纯中锋踢法，会有更多回撤接应，支配巴西队的进攻。而如果是内马尔回撤打前腰，要上正印中锋的话，蒂特会让2021年美洲杯的主力中锋里沙利松进入首发，他在世预赛也展现了不错的进球效率。当然马特乌斯·库尼亚也可以与里沙利松争一争，但门前效率不高一直是他的短板。而在国内踢球的加布里埃尔·巴尔博萨已经缺乏竞争力了，在2022年之后遭到了蒂特弃用。罗伯托·菲尔米诺更是完全没有机会，2021年美洲杯之后就再也没有代表巴西队踢过比赛，可以说与世界杯已经渐行渐远。

备选：胡尔克、阿图尔·卡布拉尔

近年战绩

2019年美洲杯：冠军

巴西队是2019年美洲杯的东道主，虽然最终夺得了冠军，但是巴西队也遭遇了小波折。巴西队在1/4决赛对阵巴拉圭队的比赛中被对手拖进了点球大战，不过这也就是仅有的波折了。半决赛巴西队2：0兵不血刃地淘汰了阿根廷队，决赛对阵秘鲁队它又以3：1轻松获胜，夺得冠军。

2021年美洲杯：亚军

由于疫情的影响，2021年美洲杯巴西队又一次成为东道主，在进入决赛前，巴西队分别淘汰了智利队和秘鲁队，均以1：0获胜。决赛对阵阿根廷队，它与对手打得难解难分，最终巴西队0：1小负阿根廷队，遗憾地获得亚军。

鑫淼

如果你是一个足球迷，你一定会爱上巴西队。

1994年世界杯，巴西队夺得冠军，但是在时隔多年之后，巴西国内的球迷对这个冠军并没有那么深刻的回忆，球迷甚至会更怀念1982年那支连四强都没有打进，但却魅力十足的巴西队。这是因为巴西足球在骨子里是向往美与艺术的，能拿冠军当然好，但是踢得漂亮同样重要。

这是巴西足球骨子里的浪漫主义，自始至终从未发生本质的改变。或许这些年巴西足球的风格也开始逐渐地欧化，但是亘古不变的是巴西球员依然有着不错的技术功底，桑巴足球的风格一直在持续。

浪漫主义总需要付出代价，自2002年世界杯夺冠之后，巴西队已经20年在世界杯上颗粒无收。

其实回想过去的几届世界杯，巴西队被淘汰都有一些运气因素的影响。2010年世界杯1/4决赛对阵荷兰队的比赛中，费利佩·梅洛的红牌让球队只能少一人作战，最终被淘汰。

2014年世界杯半决赛，虽然被德国队羞辱，遭遇1：7输球的惨痛失利，但这是由于进攻核心内马尔的因伤报销和后防中坚蒂亚戈·席尔瓦的停赛让球队的实力大减。2018年世界杯1/4决赛，巴西队对阵比利时队，球队的中场核心卡塞米罗又因为停赛无法上场，球队实力大减。当然，除了客观理由之外，巴西队这些年确实与欧洲的一众强队相比，实力没有优势。不过阵容厚度充足的巴西队，依然是今年世界杯赛场上最大的几支夺冠热门球队之一。

或许在卡塔尔这个神奇的地方，桑巴足球的第6颗星，有了绣上的可能。

正坤

写到巴西队，那就必须把思绪拉回到2002年的那个夏天，那届世界杯是我看的第一届世界杯，那支巴西队也是给我留下最深印象的巴西队。

罗纳尔多、里瓦尔多和罗纳尔迪尼奥，“3R组合”成为我印象中最先记住的几个外国球员的名字。那时候，罗纳尔多的影响力真的是无与伦比，哪怕是完全不看球的群体，大概率也在电视上看到过罗纳尔多代言的广告。这个顶着“阿福头”的巴西射手，毫无疑问就是那个时代足球的代表。“外星人”的绰号是所有经历过那个时代的球迷共同的记忆。

那支巴西队给人的另一个印象就是只要看见首发11人，就会觉得这支巴西队赢定了，在2002年世界杯上，它就以这样一种所向披靡的气势夺取了最终的冠军，在自己的球衣上绣上了第五颗星。

其实20年之后再回看当年那支巴西队，放到现在的标准来说，并没有强大到当时媒体盛传的那种地步。罗纳尔多大伤初愈，里瓦尔多已过巅峰，罗纳尔迪尼奥则还未到巅峰，并非所有首发都来自豪门球队，甚至还有很多在巴甲联赛效力的球员。

但如今，每到巴西队公布阵容的时候，我们又总会有一种“这套阵容跟2002年世界杯那套比起来差远了”的感觉。这或许就是时代的印记，2002年的那支巴西队给人留下了太深的印象，仿佛就是胜利与强大的代名词。哪怕时间已经过了20年，哪怕罗纳尔多早就退役当上了球队老板，那个夏天的故事仍然会时常在我们眼前浮现。

Serbia

塞尔维亚队

全称：塞尔维亚国家男子足球队

绰号：巴尔干雄鹰

荣誉：2018—2019赛季欧国联：C级小组第一

队史最佳阵：4-2-4

门将：米卢廷·索斯基齐

后卫：布兰科·斯坦科维奇、内马尼亚·维迪奇、西尼萨·米哈伊洛维奇、法鲁丁·尤苏菲

中场：武贾丁·博斯科夫、德拉甘·斯托伊科维奇

前锋：德拉戈斯拉夫·塞库拉拉奇、拉伊科·米蒂奇、米兰·加里奇、德拉甘·扎伊奇

球队身价：3.71亿欧元

世界排名：25

出线概率：41.0%

夺冠概率：0.24%

现任教练：德拉甘·斯托伊科维奇

现任队长：杜尚·塔迪奇

球队核心：谢尔盖·米林科维奇–萨维奇

第一射手：亚历山大·米特罗维奇

聚焦新星：杜尚·弗拉霍维奇

出线之路

塞尔维亚队在欧洲区预选赛与葡萄牙队、卢森堡队、爱尔兰队、阿塞拜疆队分在了同一个小组。由于同组有强大的葡萄牙队，所以塞尔维亚队并不被看好。但是它在对阵葡萄牙队的两回合比赛中1胜1平，占据了交锋记录上的优势，其他的6场比赛它也发挥稳定，拿到了5胜1平的成绩。最终在预选赛阶段，塞尔维亚队6胜2平，打出不败的成绩，力压葡萄牙队，以预选赛第一的身份晋级世界杯。

征战历史

首次参赛年份：2010年

晋级世界杯次数：3次（2010、2018、2022年）

最好成绩：小组赛

预计首发

战术打法

塞尔维亚队在德拉甘·斯托伊科维奇接手之后成了一支非常具有进攻性的球队，虽然打的是三中卫的阵形，但是左右两个边翼卫在进攻当中顶得非常靠上，整体打得非常有侵略性。因此掌控比赛、高压进攻将会是塞尔维亚队在世界杯上所采取的策略，两名强力的前锋对于任何对手来讲都是很大的威胁。

当然，斯托伊科维奇在一些比赛里也会采取相对保守的策略，撤下一名前锋，增加一名中场，然后将“3412”的阵形转变为“343”。通常斯托伊科维奇从“3412”变阵“343”的时候，是替补换上后腰萨沙·卢基奇，让卢基奇踢中前卫，进而把谢尔盖·米林科维奇·萨维奇推到左边锋的位置上，然后让杜尚·塔迪奇来打右边锋。这样塞尔维亚队其实在场上同时拥有四个中前卫属性的球员，虽然可能会牺牲门前得分的能力，但却可以更好地去控制中场，掌握比赛的节奏。

名单解析

门将

主力门将是普雷德拉格·拉伊科维奇，他在2021年9月之后占据了首发，虽然在世预赛也有失误导致丢球的情况出现，但他打首发的概率还是最大的。瓦尼亚·米林科维奇·萨维奇2021—2022赛季在意甲打上主力之后，发挥相当不错，应该会是第二门将。而马尔科·德米特罗维奇由于在俱乐部机会有限，可能只能作为第三门将了。

备选：米莱·斯维拉尔、马尔科·伊利奇

后卫

在中后卫方面，年轻的左脚球员斯特拉希尼亚·帕夫洛维奇是左中卫的首选，但他的经验还比较欠缺。因此左中卫也可能会让马蒂亚·纳斯塔西奇来打，当然通常他还是打居中的位置。主力右中卫则是尼古拉·米伦科维奇，他不仅有着出色的防控能力，还有一定的出球能力。替补首先是米洛什·韦利科维奇，而斯特凡·米特罗维奇也有比较大的概率进入名单。此外，阿列克萨·泰尔齐奇可以胜任左中卫和左边翼卫，也有机会入选。

备选：乌罗什·斯帕伊奇、埃尔汗·马索维奇、斯特拉希尼亚·埃拉科维奇

中场

在边翼卫方面，主力左边翼卫是菲利普·科斯蒂奇，他在左路的传中非常精准。替补可以选择菲利普·姆拉德诺维奇，他是左后卫出身，更擅长防守。主力右边翼卫是达尔科·拉佐维奇，虽然在俱乐部主打左路，但在国家队还是打右边翼卫。在替补方面，安德里亚·日夫科维奇顺位更靠前一些，他和另一位替补右边翼卫内马尼亚·拉多尼奇都可以在变阵“343”的时候踢边锋。而且这三名右边翼卫也都能换边胜任左边翼卫。

在后腰方面，擅长防守的是内马尼亚·古德利，他还兼具踢中卫的能力。与他搭档的是攻守兼备的全能中场谢尔盖·米林科维奇·萨维奇。与他特点相似的是萨沙·卢基奇，变阵“343”的时候也可以踢左边锋。防守型后腰的替补人选是内马尼亚·马克西莫维奇，此外马尔科·格鲁伊奇也是世预赛中使用较多的中前卫。

备选：米哈伊洛·里斯蒂奇、韦利科·比尔曼切维奇、乌罗什·拉契奇、伊万·伊利奇

前腰

主力前腰是杜尚·塔迪奇，他在组织进攻方面有着非常突出的能力，变阵“343”的时候，塔迪奇会踢右边锋，极端情况下甚至可以打左边翼卫。替补是菲利普·久里契奇，他也是前腰和右边翼卫都可以胜任。

前锋

前锋里顺位最靠前的是杜尚·弗拉霍

维奇，他是一个非常全能的中锋，有着出色的射门能力，还有不错的支点作用。所以双前锋阵形下他会是拿球更多的前锋，如果打单中锋战术的话，那也会首发弗拉霍维奇。打“3412”阵形时与弗拉霍维奇一起首发的是亚历山大·米特罗维奇，他是典型的射手，各种得分方式样样精通，但在射门得分之外，其他能力并不突出。替补是卢卡·约维奇，无论是从得分效率还是战术作用上都比不过前面两人，只能是担任替补奇兵。

备选：久尔杰·约瓦诺维奇

近年战绩

2018—2019赛季欧国联：C级别小组赛第一

首届欧国联赛事塞尔维亚队被分在C级别小组，小组对手的实力并不是很强，它6战4胜2平未尝败绩，以小组第一的身份升入下一届欧国联B级别。

2020—2021赛季欧国联：B级别小组第三

塞尔维亚队与匈牙利队、俄罗斯队、土耳其队同组，它的纸面实力并不是很出众，仅在挪威队身上取得了胜利。最终塞尔维亚队以1胜3平2负的战绩位列小组第三。

Switzerland
瑞士队

全称：瑞士国家男子足球队
绰号：瑞士军刀
荣誉：2018—2019赛季欧国联四强
队史最佳阵：4-4-2
门将：欧文·巴拉比奥
后卫：塞维利诺·米内利、阿兰·盖格、安德雷·埃格利、鲁道夫·拉姆塞尔
中场：卡尔·奥德马特、乔治·布雷吉、西里亚科·斯福扎、阿兰·萨特
前锋：斯蒂芬·查普伊萨特、马克西·阿贝格伦

球队身价：2.55亿欧元
世界排名：16
出线概率：46.2%
夺冠概率：1.00%
现任教练：穆拉特·亚金
现任队长：格拉尼特·扎卡
球队核心：杰尔丹·沙奇里
第一射手：布雷尔·恩博洛
聚焦新星：诺厄·奥卡福尔

出线之路

瑞士队在欧洲区预选赛与意大利队分在了同一个小组，这让它在抽签结束后一度担心自己的出线形势。比赛的过程也同样惊险，瑞士队与意大利队在预选赛阶段都保持着不败的战绩。在与意大利队的两场比赛中，意大利队的中场若日尼奥两场各罚丢了一个点球，让瑞士队有了更好的机会。最终瑞士队凭借着最后1轮的胜利顺利拿下3分，以预选赛小组第一的身份晋级世界杯正赛。

征战历史

首次参赛年份：1934年
晋级世界杯次数：12次（1934、1938、1950、1954、1962、1966、1994、2006、2010、2014、2018、2022年）
最好成绩：八强（1934、1938、1954年）

预计首发

战术打法

瑞士队在2020欧洲杯之后进行了换帅，穆拉特·亚金上任之后改变了此前瑞士队偏保守的三中卫打法，现在瑞士队主打的是“4231”阵形，在进攻端会投入更多兵力，相比于2020欧洲杯上的防守反击战术，现如今瑞士队的踢法也会更讲究对于球权的控制。在瑞士队的进攻当中，格拉尼特·扎卡和杰尔丹·沙奇里仍然是两个最为关键的枢纽，扎卡在中场比较深的位置作为发牌器，而沙奇里则会更接近对方禁区，为队友送出最后一传或者直接完成最后一击。

虽然亚金接手之后瑞士队在进攻端发挥得还不错，但此前几届大赛瑞士队更为倚仗的防守，在2022年6月的欧国联比赛中暴露出了一些问题。因此瑞士队也存在重新换回三中卫阵形的可能性，队中大部分球员对三中卫的打法也都很熟悉，因此相对来说切换起来也不会有太多不适应的问题。

名单解析

门将

主力门将是扬·佐默，他在2020欧洲杯的出色表现给人留下了深刻印象。第二门将是格雷戈尔·科贝尔，目前来说他还很难挑战佐默的主力位置。参加过2018年世界杯的约纳斯·奥姆林将是第三门将的人选，整体来看这三名门将的位置还是比较固定的。如果有谁出现伤病，戴维·冯巴尔莫斯是最有可能递补的。

备选：菲利普·克恩、伊冯·姆沃戈

后卫

在中后卫方面，尼科·埃尔韦迪是主力左中卫。主力右中卫则是曼努埃尔·阿坎吉，左右两个中卫他都能胜任，如果搭档法比安·舍尔，阿坎吉就会打左中卫。舍尔是主要替补，如果要变阵三中卫的话他也会进入首发。第四中卫目前顺位靠前的是法比安·弗赖，他既能踢防守型后腰，也能踢中卫。因此参加了2020欧洲杯的埃拉伊·哲梅尔特目前的顺位已经比较靠后了。

主力左后卫是里卡多·罗德里格斯，在2020欧洲杯他主要是打三中卫里的左中卫，如今打回左后卫，他也有了更多插上进攻的机会。替补是乌利塞斯·加西亚，但从2022年的比赛来看，亚金现在更倾向让参加了2020欧洲杯的右后卫约尔丹·洛托姆巴来担任替补左后卫。

在右后卫方面，西尔万·威德默和凯文·姆巴布两人一直是轮换使用的，但总体来说还是威德默登场更多。2021—2022赛季两人相比，也是威德默的发挥要更出色一些。

备选：塞德里克·策西格、莱奥尼达斯·施特尤

后腰

在双后腰当中，格拉尼特·扎卡的传球和调度对瑞士队进攻的作用非常大。与他搭档的大概率会是丹尼斯·扎卡里亚，他在中场会承担更多的防守任务。在替补方面，雷莫·弗罗伊勒的作用和扎卡较为相似，如果变阵“433”，他应该会进入首发。此外还有很全能的吉布里尔·索乌，亚金很多时候是用他换下杰尔丹·沙奇里，改打“433”阵形，加强防守。

备选：米歇尔·埃比舍尔、桑德罗·劳珀

前卫

前腰是为杰尔丹·沙奇里专门设置的，在进攻端他有很高的自由度，既可以得分，还可以为队友创造机会。

主力左前卫是史蒂文·楚伯，在2020欧洲杯他踢的是左边翼卫，现在他可以更好地发挥进攻能力。右路更有可能会选择雷纳托·斯特芬首发。但鲁文·巴尔加斯也同样有可能成为主力的人选，他左右两边包括中

锋都能够胜任，但相对来说还是打左边会更擅长一些。

剩下的人选中最有可能进入名单的是小将诺厄·奥卡福尔，他在边路有不错的冲击力，也可以换位踢中锋。踢了2020欧洲杯的克里斯蒂安·法斯纳赫特由于长期的伤病，目前顺位已经相对靠后了。

备选：卡斯特里奥特·伊梅里、丹·恩多耶、马蒂亚·博塔尼

前锋

主力中锋应该还是会选择高中锋哈里斯·塞费罗维奇，布雷尔·恩博洛则是主要轮换人选，他的冲击力和反击能力更出色，亚金会在面对不同对手时做考量。抢点型的射手马里奥·加夫拉诺维奇则是替补的人选。

备选：安迪·泽奇里、塞德里克·伊滕、阿尔比安·阿耶蒂、泽基·阿姆杜尼

近年战绩

2018—2019赛季欧国联：四强

首届欧国联瑞士队分在A级别，与比利时队、冰岛队同组，它3胜1负力压比利时队从小组出线。半决赛瑞士队1：3不敌本届赛事冠军葡萄牙队；在三四名决赛中，与英格兰队在120分钟内战成0：0，点球大战5：6落败。

2020欧洲杯：八强

2020欧洲杯瑞士队的同组对手是意大利队、威尔士队、土耳其队，它小组赛1胜1平1负，以6名成绩最好的小组第三球队之一跻身淘汰赛。1/8决赛瑞士队迎战法国队，双方在120分钟内战成3：3，点球大战5：4淘汰对手。1/4决赛瑞士队与西班牙队的比赛再度拖入点球大战，最终1：3落败，遗憾止步八强。

2020—2021赛季欧国联：A级别小组赛第三

第二届欧国联瑞士队与西班牙队、德国队、乌克兰队同组，它1胜3平2负，排名小组第三，无缘出线。

Cameroon

喀麦隆队

全称：喀麦隆国家男子足球队
绰号：非洲雄狮
荣誉：1984、1988、2000、2002、2017年非洲杯冠军
队史最佳阵：4-3-3
门将：托马斯·恩科诺
后卫：尼泰普·格雷米、里格贝特·宋、艾曼努尔·孔德、皮埃尔·沃姆
中场：劳伦、阿贝加、萨穆埃尔·莱佩
前锋：萨穆埃尔·埃托奥、罗杰·米拉、帕特里克·姆博马

球队身价：1.17亿欧元
世界排名：38
出线概率：27.6%
夺冠概率：0.00%
现任教练：里戈贝尔·宋
现任队长：樊尚·阿布巴卡尔
球队核心：赞博·安吉萨
第一射手：马克西姆·舒波·莫廷
聚焦新星：马丁·霍格拉

出线之路

喀麦隆队在非洲区预选赛小组赛阶段的主要对手是科特迪瓦队。在与科特迪瓦队的两场交手中，取得了1胜1负的成绩，由于科特迪瓦队在客场对阵莫桑比克队的比赛中只拿到了1分，而喀麦隆队在其他两队身上拿满了12分，最终它力压科特迪瓦队晋级预选赛最后阶段。

喀麦隆队在最后阶段抽到了阿尔及利亚队，在第一回合交手中它在主场0：1输给对手，但是第二回合它在客场2：1取胜，由于非洲区预选赛依然有客场进球制度，最终喀麦隆队凭借客场进球优势晋级世界杯正赛。

征战历史

首次参赛年份：1982年
晋级世界杯次数：8次（1982、1990、1994、1998、2002、2010、2014、2022年）
最好成绩：八强（1990年）

预计首发

战术打法

喀麦隆队在2021非洲杯之后进行了换帅，曾经的国家队队长里戈贝尔·宋走马上任，但他的作用其实更多在于稳定球队更衣室。在技战术打法上，里戈贝尔·宋基本沿用了前任主帅的体系。面对强敌时，喀麦隆队会使用“433”的阵形更好地去稳固中场防守，面对实力相近的对手需要加强进攻时，喀麦隆队则会变成“442”阵形，利用双中锋在对方的门前制造更多威胁。

里戈贝尔·宋对阵容做的最大的调整在于将马克西姆·舒波·莫廷固定进了首发阵容。作为一个中前场多面手，舒波·莫廷的作用不只限于在禁区里担任中锋。在现如今的“433”体系里，里戈贝尔·宋安排舒波·莫廷踢右边锋，并给予了他很高的自由度，让他可以在中前场更多地支配球权。在变阵“442”时，舒波·莫廷与樊尚·阿布巴卡尔搭档双前锋，舒波·莫廷也会更多地回撤到中场帮助串联，起到一个类似于前腰的作用。

名单解析

门将

主力门将是安德烈·奥纳纳，如果不是他在世预赛的高接低挡，喀麦隆队可能根本无法进入世界杯决赛圈。第二门将是德维·埃帕西，他在世预赛也打过主力。第三门将大概率会选择西蒙·奥莫索拉，8场世预赛他都在比赛名单当中。而进入了2021非洲杯名单的让·埃法拉也有希望竞争第三门将。

后卫

在中后卫方面，左中卫是米夏埃尔·恩加德·恩加朱伊，他的优缺点都非常明显，单防能力强且有着很出色的争头球能力，但脚下技术和出球却相当糟糕。因此右中卫让·夏尔·卡斯泰莱托会承担更多的出球任务。在替补方面，世预赛前期的主力中卫阿罗尔·穆库迪在换帅之后坐穿板凳。第四中卫更有可能会选择热罗姆·翁圭内，但由于他受伤可能无法随队征战，这让克里斯蒂安·沃、迪普莱·查姆巴等人都还有机会。

主力左后卫是努胡·托洛，他是一名带球推进能力非常强的边卫。替补安布鲁瓦兹·奥永戈则是一个更擅长攻击的球员，在俱乐部他主要是打边翼卫。主力右后卫是科林·法伊，在世预赛左后卫遭遇用人荒时，他也有两场比赛出任过左后卫。替补是奥利维耶·姆拜佐，在法伊代打左后卫时他也轮换打过主力。

备选：让·克洛戴·比永、恩佐·埃博塞、茹瓦基姆·达瓦

中场

三中场当中，居中的主力人选是乌姆·古埃，他是一个纯粹的防守型后腰。如果喀麦隆队要加强进攻变阵“442”，那古埃落选首发。左侧是赞博·安吉萨，他是喀麦隆队中场的节拍器，有着很强的拿球能力。而右侧是马丁·霍格拉，他会有更多的前插和无球跑动，变阵“442”的时候还可以打右边前卫。

替补首先是皮埃尔·昆德，一个身体素质非常出色的中场，居中和两侧都能踢。还有一个比较稳定的替补是小将让·奥纳纳，而2022年3月首次入选的加埃尔·翁杜阿，应该也能凭借两场世预赛的不错表现进入名单，和霍格拉一样，翁杜阿既能踢后腰，也可以在变阵“442”的情况下拉边踢边前卫。

备选：奥利维耶·恩查姆、莱亚·西利基、伊万·内尤、让多·福克斯、阿诺·朱姆

前锋

在边锋方面，主力左边锋是托科·埃坎比，正是他打进的绝杀球帮助喀麦隆队晋级世界杯。埃坎比有着不错的突破能力，也能时常插入禁区完成最后一击。主力右边锋是

马克西姆·舒波·莫廷，他在前场更像自由人，位置非常灵活，打“442”的时候也会回到中锋的位置上。

替补边锋是穆米·恩加马勒，他是典型的边路突击手，两个边路都能踢。此外还有伊格内修斯·加纳戈，左边锋和中锋都能打。右路的替补还有克里斯蒂安·巴索戈，但在新帅上任后，他逐渐失去了机会。因此现在两名在2022年新归化的球员，乔治-凯文·恩库杜和布赖恩·姆贝乌莫更有可能进入名单。

主力中锋是樊尚·阿布巴卡尔，在2021非洲杯的7场比赛中，他打入8球，表现非常突出，而且他也可以拉边，通常会拉到左边路。在这个时候，高中锋莱昂德尔·塔瓦巴就会获得机会。

备选：凯文·索尼、克林顿·恩杰、约翰·马里、斯特凡纳·巴奥康、兰博·阿拉伊纳

近年战绩

2019年非洲杯：十六强

2019年非洲杯喀麦隆队与加纳队等三队同组，喀麦隆队1胜2平以小组第二的身份晋级淘汰赛。1/8决赛喀麦隆队对阵尼日利亚队，最终以2：3惜败，遗憾止步十六强。

2021非洲杯：四强

喀麦隆队在小组赛中2胜1平，以小组第一的身份强势出线，淘汰赛先后以2：1、2：0击败对手晋级四强。半决赛喀麦隆队面对埃及队，双方在120分钟内战成0：0，最终，点球大战1：3落败惨遭淘汰。

10

H组

江山代有才人出，
英雄路最后一舞

葡萄牙　加纳　乌拉圭　韩国

详细赛程

第 1 轮

开球时间	交战双方	比赛场地	观赛指数	进球展望
11月24日 21：00	乌拉圭队 VS 韩国队	教育城球场	★★★★	≤2
11月25日 00：00	葡萄牙队 VS 加纳队	974球场	★★★★	≥3

第 2 轮

开球时间	交战双方	比赛场地	观赛指数	进球展望
11月28日 21：00	韩国队 VS 加纳队	教育城球场	★★★	≤2
11月29日 03：00	葡萄牙队 VS 乌拉圭队	卢塞尔球场	★★★★★	≥2

第 3 轮

开球时间	交战双方	比赛场地	观赛指数	进球展望
12月2日 23：00	加纳队 VS 乌拉圭队	贾努布球场	★★★	≤2
12月2日 23：00	韩国队 VS 葡萄牙队	教育城球场	★★★★★	≥3

红牌概率	点球概率	冷门指数	比分预测	球迷预测
22%	37%	★★★★	0 : 0; 1 : 0	□:□; □:□
11%	72%	★★★	1 : 2; 1 : 3	□:□; □:□

红牌概率	点球概率	冷门指数	比分预测	球迷预测
15%	19%	★★★	1 : 1; 0 : 0	□:□; □:□
65%	66%	★★★	1 : 1; 2 : 1	□:□; □:□

红牌概率	点球概率	冷门指数	比分预测	球迷预测
85%	82%	★★★★★	1 : 0; 1 : 1	□:□; □:□
10%	29%	★	0 : 3; 0 : 5	□:□; □:□

焦点短评

葡萄牙队VS乌拉圭队

复仇之战！在2018年世界杯上，正是乌拉圭队将葡萄牙队淘汰出局，如今两队被分在了同一个小组，葡萄牙队势必想要完成复仇。两支球队可以称得上是巨星云集，葡萄牙队在这些年涌现出众多青年才俊，乌拉圭队不仅有戈丁、苏亚雷斯这样熟悉的面孔，巴尔韦德、阿劳霍和努涅斯等球员的崛起还为球队输送了不少的新鲜血液。

我觉得本场比赛最大的看点在于两支球队的防守，乌拉圭队在换帅之后搭建的防线异常牢固，戈丁、希门尼斯与阿劳霍的组合让任何攻击手都要头疼，葡萄牙队的后防线则是有这几个赛季状态最出色的中后卫鲁本·迪亚斯和老当益壮的佩佩。虽然两队的进攻线上有C罗、苏亚雷斯和努涅斯等明星球员，但我觉得本场比赛能否出现进球，都是巨大的问题。

韩国队VS葡萄牙队

又是一场复仇之战！20年前，葡萄牙队在韩日世界杯小组赛最后1轮0：1输给了韩国队，菲戈领衔的“黄金一代”止步小组赛。不过与很多人的记忆不同，那场比赛韩国队并没有像之后的淘汰赛那样凭借裁判误判赢球，输球的主要原因出于葡萄牙队自身。

即便如此，葡萄牙队也想要在20年后复仇。韩国队虽然有孙兴慜这样的超级球星，但是防线缺少实力干将，这也许会给葡萄牙队不少机会。对于C罗来说，在他参加的前4届世界杯上一共打进6球，此番对上韩国队，是他大幅度提高自己进球数据的好机会。

本组之星

克里斯蒂亚诺·罗纳尔多

出生年月：1985年2月5日

C罗的职业生涯堪称完美，欧洲杯历史最佳射手、欧冠历史最佳射手、国家队历史射手王，C罗几乎拿到了能拿到的所有冠军荣誉和所有赛事的最佳射手，唯独在世界杯上C罗没有拿到过冠军，也没有拿到过最佳射手。2022年世界杯极有可能是C罗参加的最后一届，他还有时间缔造奇迹。假如C罗在这届世界杯上夺得冠军，那将是一个完美的故事。

作者视角

正坤

从整体上来看，葡萄牙队和乌拉圭队的实力还是要明显胜过另外两支球队的。葡萄牙队虽然直到附加赛才涉险过关，但是其竞争力在本小组依旧是最强的，拿到出线席位不会有太大问题。

乌拉圭队在世预赛也遭遇过一些困难，但是换帅之后很快找回了状态，虽然球队目前处在更新换代的过程当中，但老将的经验还是能发挥作用，因此它也是有比较大的出线概率。

韩国队虽然在进攻线上有很多出色的旅欧球员，但防线的问题还是比较严重的，想抵抗住葡萄牙队和乌拉圭队的攻势并不容易。加纳队的实力相比于2010年世界杯进入八强时已经有了非常大的下滑，想要小组出线是非常困难的。

综合来看，该小组有点强弱分明的味道，不会出现太大的波澜，我看好葡萄牙队和乌拉圭队顺利晋级。

鑫淼

这个组我同意正坤的观点，葡萄牙队和乌拉圭队的实力还是明显高一筹的，尤其是两支球队在面对实力相对较弱的对手时，翻车的可能性不大。

本组最大的看点自然是复仇，除了前文提到的两场比赛之外，加纳队与乌拉圭队的比赛也是一场复仇大战。

12年前的南非世界杯1/4决赛，加纳队只差一步就能晋级四强，创造非洲球队的历史，但是没想到苏亚雷斯用手扑出了阿迪亚的必进球，最终点球大战加纳队被乌拉圭队淘汰出局，这一次加纳队又有了报仇的机会。

相信对于所有球迷来说，这个小组关注的焦点就是C罗。这将是37岁的C罗第5次参加世界杯，大概率是他的最后一届世界杯，太多人的青春将在这届世界杯上画上句号。

路易斯·苏亚雷斯

出生年月：1987年1月24日

12年前的南非世界杯上，年轻的苏亚雷斯凭借着最后时刻的手球帮助乌拉圭队时隔多年再次打进世界杯四强；12年过去了，已经35岁“高龄”的苏亚雷斯身体状态已经大不如前，但是他依然保持着很强的门前得分能力，近两个赛季在西甲都能够保持进球上双的数据。队有一老，如有一宝，苏亚雷斯的发挥依然对乌拉圭队非常重要。

Portugal
葡萄牙队

全称：葡萄牙国家男子足球队
绰号：五盾军团
荣誉：2016年欧洲杯冠军
队史最佳阵：4-4-2
门将：里卡多
后卫：若昂·坎塞洛，佩佩，里卡多·卡瓦略，拉斐尔·格雷罗
中场：保罗·富特雷，鲁伊·科斯塔、德科、路易斯·菲戈
前锋：尤西比奥、C罗

球队身价：7.65亿欧元
世界排名：9
出线概率：79.2%
夺冠概率：5.11%
现任教练：费尔南多·桑托斯
现任队长：克里斯蒂亚诺·罗纳尔多
球队核心：克里斯蒂亚诺·罗纳尔多
第一射手：克里斯蒂亚诺·罗纳尔多
聚焦新星：拉斐尔·莱奥

出线之路

葡萄牙队在欧洲区预选赛的分组抽签中碰到了塞尔维亚队，除此之外，本小组其他的对手实力都较弱。本组的出线关键战就变成了塞尔维亚队和葡萄牙队直接交手的两场比赛，由于欧洲区预选赛没有“VAR”技术，首回合葡萄牙队对阵塞尔维亚队有一个已经过线的进球被吹掉，次回合交手又输给了对手，最终葡萄牙队需要通过附加赛来竞争一个晋级世界杯的名额。附加赛半决赛葡萄牙队3：1战胜土耳其队，决赛它2：0淘汰北马其顿队晋级世界杯正赛。

征战历史

首次参赛年份：1966年
晋级世界杯次数：8次（1966、1986、2002、2006、2010、2014、2018、2022年）
最好成绩：季军（1966年）

预计首发

战术打法

在经历了2020欧洲杯的失败之后，葡萄牙队主帅费尔南多·桑托斯现在把球队的首发固定为“433”阵形，以增强在中场的控制力。在2020欧洲杯同时派上达尼洛·佩雷拉和威廉·卡瓦略两名防守型后腰的场景应该不会再出现了，这样确实会很大程度影响球队在中场对于球权的掌控，在防线上的移动速度也会减弱。

虽然说阵形固定为“433”，但是桑托斯对于中场的人员配置还是会在面对不同的对手时有调整。面对实力比自己弱的对手时，布鲁诺·费尔南德斯会被委以重任，世预赛附加赛决赛面对北马其顿队，正是他的梅开二度帮助葡萄牙队晋级世界杯。但是当面对实力旗鼓相当的强敌时，桑托斯也可能会在中场位置使用雷纳托·桑谢斯来增强防守硬度，或者让贝尔纳多·席尔瓦回收到中场线以增强控制力，从而抵消布鲁诺·费尔南德斯在中前场容易丢失球权的弱点。

门将

主力门将可能会使用世预赛附加赛首发的小将迪奥戈·科斯塔，他不仅门线技术不错，还有很突出的脚下技术，附加赛就展现了出色的出球能力，长传球非常精准。所以老将鲁伊·帕特里西奥可能要失去主力了，这两年他的状态确实有下滑，在世预赛也出现过不应该出现的失误，稳定性已经下降了。所以现在费尔南多·桑托斯已经不再像以往那么信任他了，不过帕特里西奥凭借经验获得第二门将的位置还是没问题的。第三门将的竞争非常激烈，若泽·萨是2021—2022赛季英超扑救成功率最高的门将，突出的表现让他的顺位稍稍领先。但2018年世界杯和2020欧洲杯的第二门将安东尼·洛佩斯也还没有退出竞争。2020欧洲杯的第三门将鲁伊·席尔瓦同样也在桑托斯的考察范围内。

后卫

在中后卫方面，主力左中卫是鲁本·迪亚斯，作为当今足坛最优秀的中卫之一，他只要健康就肯定是首发，不过相对来说他在国家队的表现并没有在俱乐部稳定。主力右中卫还是老将佩佩，虽然桑托斯已经开始征召一些年轻中卫，但没有谁能撼动佩佩的主力位置，他的经验依旧是桑托斯非常看重的。

在替补方面，老将若泽·丰特的位置本来还比较稳定，但他在世预赛连续的低级失误给桑托斯留下了不好的印象。所以现在如果中卫出现伤病或者停赛，桑托斯会直接让达尼洛·佩雷拉回撤打中卫。此外在中卫的位置上征召较多的就是多明戈斯·杜阿尔特了，但他确实能力一般，桑托斯对他也并不信任，2020欧洲杯最后也是将他刷出了大名单。而像戴维·卡尔莫、贡萨洛·伊纳西奥以及蒂亚戈·贾洛这几名征召过的年轻中卫，也都很难获得登场时间。由此可见，在中卫这个位置桑托斯的用人还是很保守的。

主力左后卫是拉斐尔·格雷罗，毕竟他的大赛经验要更丰富，进攻端的脚下技术也比努诺·门德斯更精细，左侧45度传中找右路插上的队友的套路打得很纯熟。替补就是努诺·门德斯了，他的身体素质确实很出色，冲击力很强，但在传中射门的准头上，以及与队友的配合上，现阶段努诺·门德斯比格雷罗还是要逊色一些。

主力右后卫还是若昂·坎塞洛，不同于在俱乐部的边后腰踢法，在葡萄牙队他会有更多的套边插上和下底传中，毕竟身前的贝尔纳多·席尔瓦经常会内收到中路，把边路走廊留给坎塞洛。替补还存在争夺，内尔松·塞梅多在2022年受到伤病影响比较多，但在国家队经验上他还是要比迪奥戈·达洛特多一些，这两人目前在桑托斯心中没有特别明确的顺位差距，还是要看临近世界杯时的状态对比。如果这三人都没有伤病影响的话，那像塞德里克·苏亚雷斯等右后卫就可以说几乎没有机会了。

中场

三中场居中的主力人选应该会选更偏防守型的后腰，达尼洛·佩雷拉是更有可能的选择，他的防守硬度比若昂·帕利尼亚强，移动速度则比威廉·卡瓦略快一些。但他可能会撤回去打中卫，因此帕利尼亚也有可能竞争中场居中的主力位置，他的脚下技术比达尼洛·佩雷拉细腻一些。而威廉·卡瓦略现在顺位相对落后一些，随着年龄的增长他的移动速度愈发缓慢，缺点确实比较明显。居中这个位置鲁本·内维斯也可以踢，面对实力较弱的对手时，内维斯就会首发，通过他的串联增强中场的控制力。此外桑托斯还征召过和内维斯特点类似的维蒂尼亚，虽然他这两年进步神速，但想挤进世界杯名单还是比较困难。

老将若昂·穆蒂尼奥在特殊情况下也可以打居中拖后的位置，但桑托斯一般还是会让他打主力左中场，发挥他组织进攻的作用。主力右中场是布鲁诺·费尔南德斯，他对进攻的作用还是很大的，而且还能打边锋，能与贝尔纳多·席尔瓦在场上经常换位，但在防守端他确实硬度有限。因此这个位置桑托斯也使用雷纳托·桑谢斯打过首发，他在中场比较全能，既能带球推进参与进攻，防守的对抗能力也还不错。但在2022年受伤确实对他造成了影响，所以桑托斯也可能会用归化球员马特乌斯·努内斯取代桑谢斯。

备选：若昂·马里奥

前锋

在边锋方面，主力左边锋是迪奥戈·若塔，他的抢点能力很突出，考虑到葡萄牙队更多的传中会来自右路，所以还是若塔在左路打主力的概率大。拉斐尔·莱奥则是替补席上很重要的火力输出点，但想踢首发还是很困难，桑托斯主打的战术并不契合莱奥的优势。右路传中、左路包抄的这个战术，还有一套配置是克里斯蒂亚诺·罗纳尔多来打左边锋，然后安德烈·席尔瓦打中锋，世预赛也多次尝试过这么踢，若塔状态不好的话，这是对首发更有可能的调整。

主力右边锋是贝尔纳多·席尔瓦，他在右路会有很多的内切，包括与布鲁诺·费尔南德斯换位，在需要加强进攻时，贝尔纳多·席尔瓦也可以内收打中前卫。这个时候右边锋有两个选择，如果更强调边路进攻，就像世预赛附加赛一样派上奥塔维奥，他是一个比较纯粹的边路球员，经常能够在右路送出极具威胁的传球。如果还是想保持跟贝尔纳多·席尔瓦类似的作用，则会派上若昂·菲利克斯，发挥他全能的进攻属性。此外边路的人选还有贡萨洛·格德斯，他也是替补席上的重要人选，但在莱奥崛起之后，格德斯的出场顺位变得靠后了。

主力中锋肯定是克里斯蒂亚诺·罗纳尔多，他在门前的终结能力依旧是这支葡萄牙队内最强的。替补可以选择安德烈·席尔瓦，但有克里斯蒂亚诺·罗纳尔多在，安德烈·席尔瓦的机会确实也比较有限。

备选：里卡多·奥尔塔、拉法·席尔瓦、弗朗西斯科·特林康

近年战绩

2018—2019赛季欧国联：冠军

首届欧国联赛事葡萄牙队就拿到了冠军。小组赛阶段葡萄牙队力压意大利队进入半决赛，半决赛碰到发挥神勇的瑞士队，它又以3：1的比分进入决赛。最终的决赛对手，是罗纳德·科曼执教的荷兰队，凭借着贝尔纳多·席尔瓦的出色发挥，葡萄牙队1：0小胜荷兰队，勇夺首届欧国联冠军。

2020欧洲杯：十六强

在2020欧洲杯上，2016年欧洲杯冠军葡萄牙队被分入了“死亡之组”，同组的有德国队、法国队两个极难对付的对手。首战在一度打不开局面的情况下，葡萄牙队在80分钟后连入3球战胜匈牙利队。次战葡萄牙队对阵德国队，四后卫阵形被德国队的三后卫阵形完全克制，最终0：2败下阵来。最后一场比赛，葡萄牙队面对2018年世界杯冠军法国队，凭借着C罗打进的两粒点球，球队惊险地战平对手，以小组第三的身份晋级十六强。十六强葡萄牙队的对手是比利时队，找不到进球感觉的葡萄牙队最终0：1输球，止步欧洲杯十六强。

2020—2021赛季欧国联：A级别小组赛第二

在第二届欧国联中，上届冠军葡萄牙队与法国队、克罗地亚队、瑞典队分在了同一个小组。葡萄牙队在对阵克罗地亚队和瑞典队的四场比赛中获得了全胜，但是由于对阵法国队的两场比赛1平1负，只拿到小组第二，无缘淘汰赛。

鑫淼

我对葡萄牙队有着最深的感情，我见证了C罗和葡萄牙队一路成长的故事。

首先大家要知道葡萄牙队并不是一支传统强队，在20世纪，葡萄牙队仅仅参加过两次世界杯。虽然曾经诞生过尤西比奥、保罗·富特雷等传奇球星，但是葡萄牙队拿得出手的荣誉就是1966年世界杯的一个季军。进入21世纪，葡萄牙队迎来了自己的“黄金一代”，但是在2002年世界杯上，它在小组赛阶段就惨遭淘汰，可能有些人看到葡萄牙队在小组赛输给韩国队，会认为葡萄牙队是遭遇了黑哨，但其实如果对2002年世界杯有深入了解，就知道内讧才是葡萄牙队被淘汰出局的关键原因。

两年之后的2004年欧洲杯，转变终于到来，葡萄牙队阵容中有了一位叫作克里斯蒂亚诺·罗纳尔多的19岁小伙，他在边路华丽的盘带给人们留下了深刻的印象。那一年葡萄牙队作为东道主在家门口作战，一路踢进了决赛，然而在决赛中却遗憾地输给黑马希腊队，年轻的C罗流下了伤心的泪水。

2006年世界杯，葡萄牙队已经告别了鲁伊·科斯塔等“黄金一代”的球员，不过老将菲戈仍在阵中，加上两年间进步神速的C罗、德科等球员，葡萄牙队历史上第二次打进世界杯四强。

随后菲戈退役，C罗逐渐扛起了国家队的大旗，在2008年、2010年、2012年、2014年四届大赛冲击冠军无果后，2016年欧洲杯葡萄牙队终于捧起了队史第一座大赛的冠军。

巅峰之后，葡萄牙队变得愈发成熟。这两年C罗的年龄在增长，状态也有一定下滑，但是他出色的进球能力依然是这支葡萄牙队拿下胜利的保障。如今的葡萄牙队阵中又迎来了一批新的天才球员，今年的葡萄牙队兵强马壮，它渴望再次创造历史。

正坤

葡萄牙队是我在2018年世界杯前方报道时主要采访的球队。

那张采访证现在仍然放在我的抽屉里，前前后后我一共去了葡萄牙队位于莫斯科郊外的驻地有10次左右。第一次正赶上葡萄牙队在世界杯开幕前的公开训练，这场公开训练是葡萄牙队仅有的一次允许观众进场观看的训练，所以莫斯科郊外的乡村小路被围了个水泄不通，迫使葡萄牙队的官员甚至封锁了前往训练基地唯一的柏油路，大量的球迷需要步行进入驻地观看训练。

而带着采访设备的我们只能选择开车走泥泞的土路，历经艰难终于进入了葡萄牙队的驻地，新闻发布厅和记者工作区被安排在一个充气的体育馆内。

在体育馆外就是葡萄牙队的训练场，令我惊讶的是训练场的看台座椅竟然是代表葡萄牙队的红绿两色，让我不禁怀疑葡萄牙足协的官员在当初选择驻地时，看台座椅的颜色应该成了重要的参考因素。

训练在前半段还比较平淡，但是随着后半程分组对抗的进行，看台上观众的热情也被点燃。C罗也带领队友在训练结束之后来到场边给球迷签名。

自此之后，每两天去一趟葡萄牙队的驻地就成了我在前方报道的常规任务，频繁地出入甚至让葡萄牙足协的官方媒体注意到了我，在1/8决赛对阵乌拉圭队的比赛前，我最后一次前往葡萄牙队的驻地采访，竟然荣幸地受到了来自葡萄牙足协的采访，但那也成了那届世界杯我与葡萄牙队以及那座驻地的告别，随着被乌拉圭队淘汰，葡萄牙队的世界杯征程就此结束。

驻地的使命也随即画上了句号，C罗和队友的世界杯梦想，也只能等到2022年在卡塔尔继续追逐。

Ghana

加纳队

全称：加纳国家男子足球队
绰号：非洲黑星
荣誉：1963、1965、1978、1982年非洲杯冠军
队史最佳阵：4-5-1
门将：罗伯特·门萨
后卫：埃曼努埃尔·安萨、萨穆埃尔·库福尔、詹姆斯·达齐、夸多·阿萨莫阿
中场：伊布拉辛·桑迪、米夏埃尔·埃辛、阿贝迪·贝利、卡里姆·拉扎克、穆罕默德·波罗
前锋：托尼·耶博亚

球队身价：1亿欧元
世界排名：60
出线概率：29.0%
夺冠概率：0.02%
现任教练：奥托·阿多
现任队长：安德烈·阿尤
球队核心：托马斯·帕泰
第一射手：安德烈·阿尤
聚焦新星：费利克斯·阿费纳-吉安

出线之路

加纳队在非洲区预选赛小组赛阶段与实力不俗的南非队分在了同一个小组，两队确实也在争夺小组出线的竞争中杀得难解难分。加纳队在对阵南非队的两场比赛中1平1负落入下风，但是南非队在面对本组的另两支弱队时竟然有一场平局和一场失利。加纳队和南非队在积分相同、净胜球数相同的情况下，最终比拼进球数才分出高下，加纳队进入最终阶段。在非洲区预选赛最终决战中，加纳队抽到了尼日利亚队，首回合它在主场战平了尼日利亚队，次回合去到客场的它开场9分钟就打破僵局，虽然尼日利亚队随后扳平了比分，但加纳队还是凭借着客场进球的优势进军世界杯正赛！

征战历史

首次参赛年份：2006年
晋级世界杯次数：4次（2006、2010、2014、2022年）
最好成绩：八强（2010年）

预计首发

战术打法

虽然加纳队在2021非洲杯小组出局之后炒掉了曾经的功勋主帅米洛安·拉耶瓦茨，但是新帅奥托·阿多在接手球队之后基本沿用了拉耶瓦茨执教时期的战术打法，“4231”阵形目前仍然是加纳队的首选。在进攻中托马斯·帕泰的作用非常关键，他不仅是由守转攻的推进器，而且承担着很重要的得分任务。加纳队是世界杯三十二强当中进攻端表现最差的球队之一，在锋线队友发挥不佳的情况下，托马斯的远射是球队很重要的得分手段，对阵尼日利亚队的晋级之战，正是托马斯的远射破门将加纳队送进了世界杯决赛圈。

在阿多上任之后，也在世预赛上使用过三中卫的“352”阵形，这样一套更偏防守的战术可能会在世界杯上面对强敌时被使用，在进攻端撤下一名边前卫，然后增加一名中后卫，通过后防线的人数优势以稳固防守。

名单解析

门将

主力门将是乔·沃勒科特，他从2021年10月起占据了主力，2021非洲杯也延续了首发位置。此前的主力理查德·奥福里在2021年9月受伤，回归后并没能从沃勒科特手中夺回主力，应该只能作为第二门将了。第三门将应该会选择世预赛也曾登场的劳伦斯·齐吉，但进入了2021非洲杯名单的阿卜杜勒·努尔丁也能与他竞争。

备选：理查德·阿塔

后卫

在中后卫方面，主力左中卫是亚历山大·吉库，他的防守硬度是目前队内最出色的。右中卫是丹尼尔·阿马泰，他既能踢后腰，还能踢右后卫，会主要承担出球的任务。第一替补人选是在2022年终于同意为加纳队出战的默罕默德·萨利苏，他也有希望竞争首发。第四中卫更有可能选择约瑟夫·艾杜，他在防守上确实很强硬，但脚下技术比较粗糙。所以阿卜杜勒·穆明以及阿利杜·赛义杜等人也有希望参与竞争。

主力左后卫是巴巴·拉赫曼，替补可以选择吉迪恩·门萨，虽然很难争得到主力位置，但在变阵三中卫的时候，吉迪恩·门萨可以作为左中卫登场。主力右后卫应该会使用冲击力很强的归化球员塔里克·兰普泰。替补是另一名归化球员德尼·奥杜奥，他的经验很丰富，作为后防多面手，右后卫、左后卫和中后卫都能踢。

备选：阿卜杜勒·加尼尤、蒙塔里·卡马赫尼、丹尼斯·科尔萨、乔纳森·门萨、安迪·伊阿多姆、法塔乌·穆罕默德

后腰

双后腰当中更擅长防守的是伊德里苏·巴巴，他主要是拖在后面进行拦截。因为身旁的托马斯·帕泰会更多地前插参与进攻。替补首先是穆巴拉克·瓦卡索，他在中场比较全能，既有拦截的硬度，攻上去也有一定的组织和得分能力。第四后腰可能会选择参加了2021非洲杯的小将埃德蒙·阿多，当然2022年3月首次被征召的伊莱莎·奥乌苏也能与他竞争。

备选：伊曼纽尔·洛莫泰

前卫

主力前腰是穆罕默德·库杜斯，他在中前场非常全能，与安德烈·阿尤等人换位也很频繁。替补是丹尼尔·科菲·基耶雷，拉边的话他也能移动到左边路。

边前卫的竞争非常激烈，主力左前卫是多面手乔丹·阿尤。替补则是小将卡迈勒丁·苏莱曼纳。右路是队长安德烈·阿尤首发，此外他也能胜任前腰和中锋，现在依旧是加纳队最值得信赖的得分点。比较稳定的替补是18岁的天才新星伊萨哈库·阿卜杜

勒·法塔乌，他主打右边路。剩余的人选里，奥斯曼·布卡里相对来说顺位靠前一些。阿多上任之后给了他登场时间。

备选：马吉德·阿希梅鲁、约瑟夫·潘特希尔、亚乌·耶博阿、克里斯托弗·安特维-阿杰伊、塞缪尔·奥乌苏、杰弗里·施卢普、丹尼尔·阿夫里耶

前锋

主力中锋是归化球员伊尼亚基·威廉斯，他可以和同样是多面手的乔丹·阿尤形成换位。替补是小将费利克斯·阿费纳·吉安。此外，高中锋夸西·沃里特也有进入名单的机会，与他竞争的是安托万·塞门约。

备选：本杰明·特泰、里士满·博阿基耶、凯莱布·埃库班

近年战绩

2019年非洲杯：十六强

2019年非洲杯加纳队的同组对手只有喀麦隆队实力较强，最终加纳队也是力压喀麦隆队，以小组第一的身份晋级十六强。1/8决赛中，加纳队与突尼斯队在120分钟内战成1：1，最终点球大战4：5惜败，遗憾止步十六强。

2021非洲杯：小组赛出局

加纳队在2021非洲杯的小组对手只有摩洛哥队一支劲敌，但它却打出了1平2负的糟糕战绩，位列小组倒数第一的加纳队只能接受被淘汰的局面。

Uruguay
乌拉圭队

全称：乌拉圭国家男子足球队
绰号：太阳军团、天蓝军团、绿茵屠夫
荣誉：1930、1950年世界杯冠军
1916、1917、1920、1923、1924、1926、1935、1942、1956、1959、1967、1983、1987、1995、2011年美洲杯冠军
队史最佳阵：4-3-3
门将：马苏基耶维茨
后卫：纳萨齐、蒙特罗、卢加诺
中场：吉吉亚、巴雷拉、弗朗西斯科利、雷科巴
前锋：弗兰、苏亚雷斯、斯奇亚菲诺

球队身价：3.96亿欧元
世界排名：13
出线概率：62.5%
夺冠概率：1.48%
现任教练：迭戈·阿隆索
现任队长：迭戈·戈丁
球队核心：路易斯·苏亚雷斯
第一射手：路易斯·苏亚雷斯
聚焦新星：达尔文·努涅斯

出线之路

虽然乌拉圭队在南美区预选赛中以小组第三晋级世界杯，但是它的晋级之路十分坎坷。在预选赛的前7场比赛中，乌拉圭队仅取得了2胜3平2负的成绩，仅有9个积分的它出线形势岌岌可危。在第8轮、第9轮收获了两场胜利之后，乌拉圭队苦吞四连败。随后老帅塔瓦雷斯下课，迭戈·阿隆索在极其艰难的情况下接过教鞭。乌拉圭队在最后4轮收获全胜，惊险地进入世界杯正赛。

征战历史

首次参赛年份：1930年
晋级世界杯次数：14次（1930、1950、1954、1962、1966、1970、1974、1986、1990、2002、2010、2014、2018、2022年）
最好成绩：冠军（1930、1950年）

预计首发

战术打法

乌拉圭队在2022年初进行了换帅，迭戈·阿隆索从执掌了球队15年的老帅奥斯卡·塔巴雷斯手中接过了教鞭。但是阿隆索并没有对乌拉圭队的战术体系做太多调整，在阿隆索看来，“442”阵形仍然是拥有众多优秀中锋的乌拉圭队最应该打的阵形。阿隆索对于球队的调整主要是在边路，左后卫启用马蒂亚斯·奥利韦拉，右前卫启用小将法昆多·佩利斯特里，以增加两个边路的冲击力，这样的改变也收到了成效，乌拉圭队在阿隆索上任之后以4连胜结束了世预赛，顺利地拿到了进入世界杯决赛的资格。

虽然主打的阵形还是“442”，但是乌拉圭队在阿隆索执教后也曾变阵为“352”和“433”，三中卫、五后卫体系是全线退防时的选择。而“433”阵形相对来说则均衡一些，撤下一名前锋，增加一名后腰，让球队在中场有更强的控制力和拦截能力。

名单解析

门将

主力门将是塞尔希奥·罗切特，迭戈·阿隆索上任之后直接扶正了他，最后四场世预赛，他完成三场零封，发挥非常稳健。而老将费尔南多·穆斯莱拉应该只能作为第二门将了。第三门将应该是塞瓦斯蒂安·索萨，他取代的是马丁·坎帕尼亚。坎帕尼亚在2018年世界杯和最近三届美洲杯都是替补门将，但随着主帅更迭，可能要无缘2022年世界杯了。

备选：吉列尔莫·德阿莫雷斯、凯文·道森

后卫

在中后卫方面，主力左中卫是何塞·希门尼斯，老队长迭戈·戈丁还是主力右中卫，常年搭档让两人积累了很好的默契。罗纳德·阿劳霍在乌拉圭队主打的是右后卫，但他也是中卫的第一替补人选。另一个主要替补是塞瓦斯蒂安·科茨。此外，轮换球员是马丁·卡塞雷斯，中后卫、右后卫和左后卫三个位置他全都能踢，现在的定位是在变阵三中卫时打两侧的中卫，以增加补防能力。

主力左后卫是马蒂亚斯·奥利维拉，他的对抗很强硬，插上助攻的能力也不错。替补是此前塔瓦雷斯执教时的主力马蒂亚斯·比尼亚。主力右后卫是罗纳德·阿劳霍，他在右路不怎么插上助攻。替补的人选是老将达米安·苏亚雷斯，一般换他上来会变阵三中卫，然后让他来打右边翼卫。

备选：莱安德罗·卡夫雷拉、华金·皮克雷斯、乔瓦尼·冈萨雷斯、吉列尔莫·巴雷拉

中场

双后腰的组合中罗德里戈·本坦库尔会收得比较深，承担更多的拦截任务。费德里科·巴尔韦德则会更多地参与进攻，必要时也可以打边前卫。如果巴尔韦德拉到边路，后腰应该会首发马蒂亚斯·贝西诺与本坦库尔，2018年世界杯两人就是主力后腰组合。第四后腰会选择卢卡斯·托雷拉，变阵“433”时，托雷拉会踢居中拖后的位置。此外多面手纳希坦·南德斯也可以胜任后腰、右前卫和右后卫等多个位置。

在边前卫方面，主力左边前卫是希尔詹·德阿拉斯卡埃塔，他有着出色的创造力，主要的威胁传球就是来源于他内收的策动。主力右边前卫是小将法昆多·佩利斯特里，论边路的单兵能力他是乌拉圭队史最出色的。边路主要的替补是尼古拉斯·德拉克鲁斯，阿隆索提拔的阿古斯丁·卡诺比奥和迭戈·罗西也有希望进入名单。

备选：毛罗·阿兰巴里、费尔南多·戈里亚兰、曼努埃尔·乌加特、布里安·罗德里格斯、加斯顿·佩雷罗、法昆多·托雷斯、费德里科·马丁内斯、戴维·特兰斯

前锋

在前锋组合中，路易斯·苏亚雷斯仍然是乌拉圭队最为倚仗的得分点，他的搭档是达尔文·努涅斯，虽然已经基本在首发位置上挤掉了埃丁松·卡瓦尼，但努涅斯在乌拉圭队一直没有交出和在俱乐部一样的高效表现，而且他缺乏大赛经验，所以到了世界杯上，说不定卡瓦尼依旧会凭借着丰富的经验成为改变乌拉圭队战局的人。第四中锋应该还是会选择踢过2018年世界杯的马克西·戈麦斯。

备选：霍纳坦·罗德里格斯、阿古斯丁·阿尔瓦雷斯、尼古拉斯·洛佩斯

近年战绩

2019年美洲杯：八强

在2019年美洲杯小组赛中，乌拉圭队4：0战胜厄瓜多尔队，2：2战平日本队，1：0战胜智利队，以2胜1平的成绩积7分，排名小组第一顺利晋级八强。

在1/4决赛中，乌拉圭队在90分钟内0：0战平秘鲁队，随后的点球大战4：5不敌对手遭到淘汰，无缘四强。

2021年美洲杯：八强

乌拉圭队在2021年美洲杯的小组赛中表现不佳，它先是输给了阿根廷队，随后又被智利队战平，第3轮比赛只有战胜对手，才能保住晋级的希望。比赛中，对方门将上演乌龙，老将卡瓦尼随后又打入1球，乌拉圭队以2：0的比分取胜，顺利晋级八强。乌拉圭队在1/4决赛中的对手是哥伦比亚队，在常规时间90分钟内两队互交白卷，以0：0的比分直接进入点球大战。然而哥伦比亚队门将奥斯皮纳连续扑出两粒点球，最终乌拉圭队以2：4输给哥伦比亚队，无缘晋级。

Korea

韩国队

全称：韩国国家男子足球队
绰号：太极虎
荣誉：2002年世界杯四强
　　　1956、1960年亚洲杯冠军
队史最佳阵：4-2-4
　门将：李云在
　后卫：宋钟国、洪明甫、金泰尹、李荣杓
　中场：柳向铁、朴智星
　前锋：金铸成、车范根、黄善洪、孙兴慜

球队身价：1.31亿欧元
世界排名：28
出线概率：29.0%
夺冠概率：0.35%
现任教练：保罗·本托
现任队长：孙兴慜
球队核心：孙兴慜
第一射手：孙兴慜
聚焦新星：郑优营

出线之路

韩国队在亚洲区预选赛四十强赛阶段发挥稳定，6场比赛5胜1平，积16分强势晋级十二强赛。在十二强赛阶段，韩国队与伊朗队、阿联酋队、伊拉克队、叙利亚队、黎巴嫩队分在了同一个小组，除了首场比赛在主场被伊拉克队0：0逼平之外，韩国队展现了自己在亚洲区的超强实力，即使面对本组强敌伊朗队也收获了1胜1平的成绩，最终以预选赛小组第二的成绩直接晋级世界杯正赛。

征战历史

首次参赛年份：1954年
晋级世界杯次数：11次（1954、1987、1990、1994、1998、2002、2006、2010、2014、2018、2022年）
最好成绩：四强（2002年）

预计首发

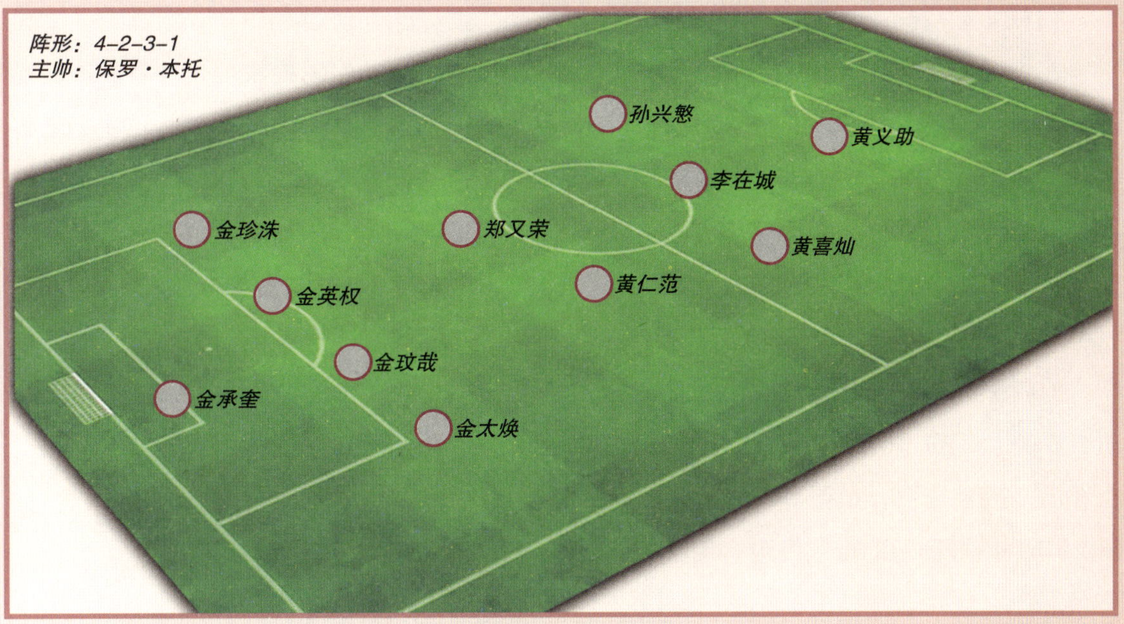

战术打法

韩国队在保罗·本托接手之后整体的战术打法还是比较固定的，孙兴慜是韩国队毫无疑问的进攻核心，虽然在进攻端名为左前卫，但是他在场上的位置是非常灵活多变的，前腰、中锋和右前卫也都可以换位去踢，通过他的能力吸引防守之后为队友创造机会。在韩国队的阵容当中，中前场有许多在五大联赛踢球的优秀球员，相对来说，在进攻端韩国队还是能够给对手造成一些压力的。

但是防线不稳固现在是本托比较头疼的问题，除了金玟哉之外，韩国队的防线上就没有旅欧的球员了，两个边后卫的位置从世预赛到友谊赛进行了很多次尝试，但是都很难达到本托的要求。因此，在世界杯上韩国队大概率还是会把防线收得比较深，采取防守反击的战术，通过防线的人数优势减少一对一对抗，然后在进攻端利用孙兴慜等人的个人能力来形成反击的威胁。

名单解析

门将

主力门将会选择金承奎，2014年世界杯他就已经在名单中了。虽然在2018年世界杯他给赵贤祐担任替补，但从2019年亚洲杯到现在，金承奎在韩国队的主力地位还是比较稳固的。赵贤祐会是第二门将，虽然2018年世界杯他的表现给人留下了深刻印象，但在保罗·本托执教韩国队后，他一直机会不多。第三门将还存在争夺，宋范根在世预赛多次被征召，是更有可能的人选，2022年开始被征召的金东俊也有希望与他竞争。

备选：具圣润

后卫

在中后卫方面，金英权还是主力左中卫，他的经验对于后防线来说还是非常重要的。主力右中卫是金玟哉，身高超过1.90米的他会主要负责正面拦截以及防空。替补左中卫是权敬源，替补右中卫则是朴志洙，这两人的位置也是比较固定的。此外本托还征召过郑昇炫，但他在十二强赛并没有获得机会，在友谊赛中还出现了低级失误。

在左后卫方面，金珍洙目前已经挤掉洪喆坐稳主力，在进攻端他也展现出了更强的威胁性。洪喆虽然基本已经被挤到了替补席上，但进入名单的希望还是比较大的。在右后卫方面，主力应该会选择金太焕，他在十二强赛也送出过精准的助攻，但在十二强赛同样打过首发的金纹奂也还有希望。而2014年世界杯和2018年世界杯的主力老将李镕，由于能力已经明显下滑，现在来看已经有可能落选名单了。

备选：曹侑珉、李在翊、姜祥佑、李基济、朴玟奎、尹钟奎

后腰

在后腰组合中，郑又荣还是防守型后腰的人选，承担主要的拦截工作。与他搭档的是黄仁范，他是一个攻守兼备的中场，活动范围很大，防守的时候与郑又荣站在一起，进攻当中又可以推得比较靠前，形成近似“4141”的站位。

郑又荣的替补是白昇浩，而黄仁范的替补还有悬念，论能力孙准浩理应获得这个位置，但他去到中超之后便失去了本托的信任，取而代之的是金镇圭，攻守兼备的他目前来看顺位更加靠前。

备选：高丞范、金东现、朱世钟

前卫

主力前腰是李在成，他的位置适应性很强，两个边路也都能踢。替补前腰最有可能选择小将郑优营，他和李在成一样，既可以踢边路，也可以踢中路。而李东炅在2022年遭遇了伤病的困扰，需要看恢复之后的状态。

在边路方面，头号球星孙兴慜会主要出现在左路，打防守反击的时候，本托有时会直接把孙兴慜推到中锋的位置上，把他留在最前面以发挥他在速度上的优势。右边的主力是黄喜灿，在孙兴慜拿球边路突破时，黄喜灿会从另一侧插上发挥他的包抄能力。边路的替补主要是权昶勋，他在右路的内切很有特点，也可以内收打前腰。此外松旻揆和罗相镐也都在十二强赛获得了一些登场机会。

备选：南泰熙、李刚仁、严原上、李东俊、曹永旭

前锋

主力中锋是黄义助，虽然十二强赛进球效率不高，但战术作用很突出，替补是高中锋曹圭成，他还兼具不错的机动性和抢点能力。此外十二强赛还使用过金健熙，但他很难与前面两人竞争。

近年战绩

2019年亚洲杯：八强

韩国队与中国队、吉尔吉斯斯坦队、菲律宾队同组。韩国队在小组赛表现非常出色，三战全胜零失球，以小组头名出线，其中2：0战胜中国队。在1/8决赛中，韩国队迎战巴林队，双方常规时间内战平，最终加时赛中韩国队依靠金珍洙的进球战胜巴林队，比分为2：1。在1/4决赛中韩国队对阵卡塔尔队，实力占优的韩国队意外地0：1输掉比赛。